チーズの料理

サルボ恭子

東京書籍

Contents

4	チーズの種類〜この本で使うチーズ〜
7	あると便利なチーズの道具
8	まずはチーズ+αで食べてみる
	チーズが少しずつ残ったら
9	チーズとお酒の定番コンビ

プロセスチーズ

6P チーズ
10	チーズフライ

ブロック
11	チーズ豚肉ロール しょうがだれ
12	角切りチーズとスモークサーモンのかき揚げ

スライスチーズ
14	スライスチーズ入り生春巻き

スモークチーズ
15	スモークチーズのおつまみ3種
	のり巻きチーズ
	大根巻きチーズ
	きゅうりとスモークハム＆チーズ

シュレッドチーズ
16	えびのチーズチリソース
17	にんじんとチーズのガレット
18	チーズハンバーグ
20	ゆで卵とチーズのカレー風味オーブン焼き
21	チーズホットドッグ
22	チキンマカロニグラタン

フレッシュチーズ

クリームチーズ
24	クリームチーズ、パン、にんにくのディップ
24	クリームチーズ、ゴーダチーズ、ナッツのディップ
26	キャラメルチーズクリームのクッキーサンド

カッテージチーズ
28	オレンジ、セロリ、カッテージチーズのサラダ
29	カッテージチーズとドライトマトの冷製パスタ
30	厚切りハムソテー ケイパーチーズソース

モッツァレラ
32	ちぎりモッツァレラとメロン、カリカリベーコンのサラダ
33	バゲットのアンチョビチーズのせ
34	モッツァレラチーズ入りミニトマト煮

リコッタ
36	甘えびときゅうりのリコッタチーズあえ
37	リコッタチーズのはちみつオムレツ 黒こしょう風味
38	豚薄切り肉のリコッタ巻き 唐辛子まぶし

フェタ
40	フェタチーズと焼きパイナップル、パンのサラダ
41	めかじきのソテー フェタと干しあんずのソース

マスカルポーネ
42	マスカルポーネとブランデーレーズンのトライフル

フロマージュ・ブラン
44	タルトフランベ
46	ぶどうの甘いタルトフランベ
47	ベリーとはちみつのフロマージュ・ブラン

白カビチーズ

サンタンドレ
48	白カビチーズのハーブまぶし
49	サンタンドレとさつまいものメープルシロップかけ

カマンベール
50	ピーマンの白カビチーズ詰めオーブン焼き
52	かぶのポタージュ カマンベールのせ
54	ビーフステーキ 白カビチーズのせ

ブリー
55	蒸し野菜のチーズソース
56	高原レタスとブリーのカスクルート
57	ブリーチーズのにんにくパセリバタートースト

青カビチーズ（ブルーチーズ）

ロックフォール
58	ロックフォールのテリーヌ
60	りんごとブルーチーズのオーブン焼き
61	オニオンリングフライ ブルーチーズソース
62	ロックフォールと長ねぎのキッシュ

* 計量単位は、1カップ=200㎖、大さじ1=15㎖、小さじ1=5㎖です。
* オーブンの温度、オーブンやオーブントースターの焼き時間は目安です。機種によって違いがあるので加減してください。
* ガスコンロの火加減は、特にことわりのない場合は中火です。
* 塩は天然塩を使っています。
* イエローマスタードは、単にマスタードともいわれているもので、粒マスタードのような酸味がないのが特徴。
* オリーブオイルは、エキストラバージンオリーブオイルを使っています。
* 卵は、特にことわりのない場合はMサイズを使っています。

ゴルゴンゾーラ
64 ゴルゴンゾーラのクイックおつまみ2種
　 冷奴のゴルゴンゾーラのせ
　 ちくわのゴルゴンゾーラべったら漬けのせ
65 洋なしのはちみつマリネ ブルーチーズのせ
66 ペンネ クアトロフォルマッジョ

スティルトン
68 コブサラダ

フルム・ダンベール
69 ブルーチーズディップ
70 なすとトマト、ブルーチーズのオーブン焼き

セミハードチーズ、ハードチーズ

ゴーダ
72 れんこんのゴーダチーズ焼き

マリボー／トム・デ・サヴォア
72 セミハードチーズのおつまみ2種
　 マリボーの青じそ巻き
　 トムとクルミ

ミモレット
74 細切りセロリのミモレットおろしのせ
75 ゆでパプリカとミモレットのカルパッチョ

コンテ
76 コンテの生ハム巻き
77 コンテチーズのミルクスープ
78 角切りコンテ入りポテトサラダ

チェダー
80 クレソンチェダー
81 マカロニチーズ

エメンタール
82 エメンタールの卵焼き

ラクレット
83 じゃがいもの溶かしラクレットのせ

グリュイエール
84 チーズ入りキャロットラペ
85 クロックムッシュ
86 オニオングラタンスープ

エダム
88 塩サブレと甘サブレ

ペコリーノ
90 生カリフラワーと薄切りペコリーノ
91 くたくたいんげんとおろしペコリーノ

カチョカバロ
92 カチョカバロのステーキ

グラナ・パダーノ
93 貝柱といかのグリル ごまチーズ風味

パルミジャーノ・レッジャーノ
94 パルミジャーノしらすフリット
95 パルミジャーノと甘栗
96 フリッタータ

ウォッシュチーズ

ルブロション
98 タルティフレット

マンステール
100 クミン風味のマンステールと玄米

ポン・レヴェック
101 ウォッシュチーズとズッキーニのトーストサンド
102 鮭とトレビスのポン・レヴェック焼き

タレッジョ
104 エリンギソテーのウォッシュチーズのせ

ピエ・ダングロワ
105 豚ヒレ肉のきのこチーズソース

シェーブルチーズ

ヴァランセ
106 シェーブルとミントオイル

サントモール
106 シェーブルとブランデー漬けいちじく
108 焼きシェーブルのサラダ
109 シェーブルとビーツのペースト

クロタン
110 シェーブルのせスクランブルエッグ

シェーブル・フレ
111 シェーブルの春巻き

チーズの種類 〜この本で使うチーズ〜

おなじみのプロセスチーズやフレッシュチーズ、
そしてぐっと身近になった本格ナチュラルチーズの数々。ここではチーズをタイプ別に紹介。
それぞれの特徴と個性を知るだけで、チーズの世界が少しずつみえてきます。

プロセスチーズ

　ナチュラルチーズを1種類または数種類混ぜて加熱し加工したチーズのこと。ナチュラルチーズに含まれている乳酸菌やカビの発酵を止めてしまうので、チーズ特有の熟成はなく、味が一定で保存性に優れているのが特徴。ゴーダチーズやチェダーチーズが原料に使われることが多く、食べやすい仕上がり。

6Pチーズ
プロセスチーズを円盤形にし、放射状に6切れにカットした、日本独自のチーズ。使い勝手がよい。

ブロック
プロセスチーズの中では最も一般的な、長方形のもの。好みの大きさにカットできるので、使い道が広い。

スライスチーズ
サンドイッチ用などとして普及した、ごく薄切りにしたプロセスチーズ。商品によって味わいはさまざま。

スモークチーズ
燻製にしたチーズのこと。外側はかたく、色は黄褐色で、スモーキーな香りが特徴。ひと口サイズ、ブロック状のものなどがある。

シュレッドチーズ
細かく削ったチーズのことで、ピザやグラタンなどに使う加熱用の溶けるタイプ。使用しているチーズはメーカーによってさまざま。

フレッシュチーズ

　生乳に乳酸菌やレンネット（酵素）を加えてかためて脱水したナチュラルチーズのひとつ。全く熟成させない（非熟成）か、軽く熟成させたもの、つまりチーズを作る工程の初期段階でできたものがこのフレッシュチーズ。ホエー（乳清）を取り除いた、ヨーグルトのようなものと考えてよいでしょう。

クリームチーズ
クリームまたはクリームに牛乳を加えて作るチーズ。さわやかな酸味とクリーミーな口当たり、クセのない味わいが特徴。

カッテージチーズ
脱脂乳を原料に、乳酸菌と酵素を加えて作った熟成させないチーズ。あっさりとした味わいでフレッシュ感を感じることができる。

モッツァレラ
イタリア南西部カンパニア州の特産品として知られ、本来は水牛の乳から作るが、近年は牛乳から作るものも増えている。ミルキーな味わい。

フェタ
世界最古のチーズといわれる、羊や山羊の乳から作られるギリシャのチーズ。酸味と塩気があり、ぽろぽろとした食感。

マスカルポーネ
イタリアを代表するチーズのひとつで、乳脂肪分が高く、天然の甘みがあり、酸味や塩分がないので、デザートなどに使われることが多い。

フロマージュ・ブラン
フランス語でフロマージュはチーズ、ブランは白、その名の通りの白チーズ。軽い酸味と甘みがあり、デザートにも使われる。

リコッタ
イタリアのチーズで、ホエーを煮詰めて作られる。ほかのチーズと違って脱脂状のホエーを使用するため、低脂肪でさっぱり。

セミハードチーズ、ハードチーズ

　セミハードチーズは、カード（凝乳）をプレスして水分の量を減らしたり除去したりして作るナチュラルチーズのひとつ。強めに圧力をかけるため、比較的かため。強固な組織のため熟成はゆっくりとすすみ、熟成期間は短くて半年前後、長くて1年ほど。

　ハードチーズは、カードをセミハードチーズよりもさらに強くプレスして作ります。そのため含まれる水分量がさらに少なく、非常にかため。サイズが大きめで重量があるのも特徴。熟成期間も6ヵ月〜1年、長いものでは2年と長く、ゆっくりと熟成させます。味の変化も少なく日持ちがいいため長期保存向き。

エメンタール
チーズフォンデュに欠かせない、スイスの代表的なハードチーズ。あまりクセがなく、ナッツのような香ばしさがある。

ペコリーノ
羊乳が原料の、イタリア最古といわれるチーズ。塩分が強めで、甘い香りが特徴。この本ではポピュラーなペコリーノ・ロマーノを使用。

ゴーダ
オランダが原産のセミハードチーズ。原料は牛乳。クセのないまろやかな口当たりとコクがあり、加熱してもおいしいのが特徴。

ミモレット
オランダ原産、現在はフランスの北部で作られているハードチーズ。鮮やかなオレンジ色が特徴。熟成したものはからすみに似た風味をもつ。

ラクレット
スイスの代表的料理ラクレットに使われるチーズで、料理名がそのままチーズ名に。熱を加えるとまろやかなコクが増しておいしくなる。

カチョカバロ
加熱すると溶けてもっちりとした食感になるのが特徴の、イタリアチーズ。熟成させる際に袋に詰めたものを紐でつないでぶら下げるので、この形に。

マリボー
デンマークを代表するセミハードチーズで、ゴーダに似たマイルドな味わいで、食べやすいのが魅力。加熱するとよくのびる。

コンテ
フランス東部コンテ地方のハードチーズ。水分が少ないのでうまみがギュッと詰まっている。熟成するにつれてコクとうまみが強くなる。

グリュイエール
エメンタールと並んでチーズフォンデュに欠かせないスイスのチーズ。濃厚でうまみをしっかりと感じられるのが魅力。そのまま食べても。

グラナ・パダーノ
北イタリアのハードチーズで、牛乳が原料。パルミジャーノ・レッジャーノより塩分が低くておだやかな味わい。

トム・デ・サヴォア
フランス・サヴォア地方のセミハードチーズ。原料は牛乳。ハードチーズに分類されることもある。ナッツのような風味があるのが特徴。

チェダー
イギリスを代表するハードチーズ。黄色のチェダー、オレンジ色のレッドチェダーがあり、好みで使えばよい。シュレッドチーズにもなる。

エダム
「赤玉」の愛称をもつオランダのチーズ。クセがなくておだやかで、ほんのりとした酸味があり、乳脂肪分が少ないのが特徴。

パルミジャーノ・レッジャーノ
エミリア・ロマーニャ地方原産の、イタリアの代表的なチーズ。熟成するに従って芳醇な香りとコクが味わえる。

白カビチーズ

表面に植えつけた白カビが内側に向かって熟成したナチュラルチーズのひとつ。別名ホワイトチーズ。熟成するタイプなので、刻々と変わる風味が楽しめるのが魅力。クセは強くないので初心者の方の入門チーズとしてもおすすめ。熟成がすすむと白カビの風味が強くなるので、お腹の弱い人はカビを取り除いて中身を食べることも。

青カビチーズ（ブルーチーズ）

牛乳や羊乳を原料にして作ったチーズに青カビを繁殖させるナチュラルチーズのひとつ。チーズの表面でなく内側に青カビを植えつけて熟成させます。青カビの熟成には空気が必要で、空気を求めて外側へ広がっていきます。チーズをカットすると断面に大理石の模様のような青カビを確認することができます。

ウォッシュチーズ

「リネンス菌」と呼ばれる特殊な細菌を、チーズの外側に植えつけて内側に向かって熟成させていくチーズ。熟成の過程で、塩水やその土地のワインやブランデーを定期的に吹きつけて洗うことから「ウォッシュ」チーズと呼ばれるようになりました。熟成期間が長くなると、表皮は茶褐色に変化し、より濃厚で独特の風味となります。ややクセが強く、チーズ通に人気。

サンタンドレ
フランス・ノルマンディー地方のチーズで、生乳とクリームで作られる。高脂肪でコクのある濃厚な味わいが魅力。

カマンベール
もともとはフランス・ノルマンディー地方のチーズで、原料は牛乳。熟成がすすんだものはとろりとしていてうまみがある。

ブリー
フランスを代表する白カビチーズ。原料は牛乳。熟成がすすむと中身がとろりと溶け、豊かな風味と気品のある味わいが魅力。

ブリア・サヴァラン
『美味礼讃』著作で知られるフランスの美食家にちなんで命名されたチーズ。リッチでまろやかな味、上品なコクが魅力。

ロックフォール
フランス南部のロックフォール地方で作られる、フランスを代表する青カビチーズ。原料は羊乳。独特の刺激と酸味があり、それが魅力となっている。

ゴルゴンゾーラ
イタリアのロンバルディア州ゴルゴンゾーラ村で作られるチーズで、原料は牛乳。濃厚でありながら、比較的食べやすいのが魅力。

スティルトン
ロックフォール、ゴルゴンゾーラと並んで三大ブルーチーズのひとつ。原料は牛乳。塩気が強く、熟成したものは香りが増す。

フルム・ダンベール
表面はかたく、中はしっとりとしているフランスのチーズ。原料は牛乳。マイルドな味わいの中にピリっとする辛みがある。

ルブロション
フランス・サヴォア地方の円盤状のチーズで、比較的クセがなく、なめらかな質感で食べやすい。セミハードチーズに分類されることも。

マンステール
フランス・アルザス地方のチーズ。熟成した表皮はオレンジ色、中身はクリーミー。香りは個性的だが、味はマイルド。

ポン・レヴェック
フランス・ノルマンディ地方で古くから作られてきたもので、熟成してくると表皮は白から赤褐色に変化してくる。ねっとりとしたおいしさがある。

タレッジョ
イタリア・ロンバルディア地方のタレッジョ渓谷が原産。ねっとりとしていてマイルド。ゴルゴンゾーラとともにペンネクアトロフォルマッジョにも使う。

ピエ・ダングロワ
フランス・ブルゴーニュ地方の、生乳とクリームで作られたチーズ。ウォッシュチーズの中でもクセがなく、なめらかでミルキーな味わい。

ラングル
フランス・シャンパーニュ地方の街ラングルで作られる、上面に凹みがあるのが特徴のチーズ。塩気がやや強く。ねっとりとして濃厚。

リバロ
フランス・ノルマンディ地方の、香りが強く、濃厚な味わいのチーズ。長期間熟成させるので、形崩れを防ぐために帯を巻いているのが特徴。

シェーブルチーズ

山羊の生乳で作られるナチュラルチーズのひとつ。牛の生乳で作るチーズよりその歴史は古く、元祖ともいえるチーズ。質感はやわらかめ。そのまま熟成させたものから白カビを表面につけて繁殖させたもの、乾燥から形が崩れるのを防ぐため黒い炭をまぶし整形されているものなどさまざまなタイプがあります。山羊は一年のうち春から夏にかけて搾乳が行われるので、この時期がシェーブルチーズの旬。作りたての新鮮なものから熟成のすすんだものまで、どの段階でもそれぞれの風味をおいしく味わうことができます。酸味の強い特有の風味がありますが、チーズファンの間では根強い人気を誇ります。

ヴァランセ

フランス・ロワール地方のチーズで、四角すい（ピラミッドの上を切った形）。表皮は灰を吹きつけてあるので黒く、中はきれいな白色で、さほどクセがない。

サントモール

フランス・ロワール地方の、細長い円筒形で、まわりを白カビでおおわれた、さわやかな食感のシェーブルチーズ。炭を吹きつけた黒いタイプはサントモール・ド・トゥーレーヌ。

クロタン

フランス・ロワール地方のチーズで、手のひらより小さいサイズ。独特の香りがあり、若いうちは白くやわらかく、熟成がすすむとかたくなるのが特徴。

シェーブル・フレ

フレとはフランス語で新鮮という意味で、熟成させないフレッシュなシェーブルチーズのこと。これはやわらかいスプレッドタイプで、少しだけ塩味がある。

あると便利なチーズの道具

チーズ専用のナイフにはさまざまなものがあります。
すべて道具を揃える必要はありませんが、
チーズのタイプ別にナイフを使い分けたり、
ナイフとボードを宴のテーブルに供したり……と、
お気に入りのナイフを持っているとチーズの時間が楽しくなります。

チーズナイフ

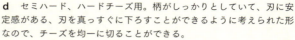

a やわらかいチーズ用。小さいチーズを切るときにも便利。
b やわらかいチーズ用。穴のあいているナイフは、やわらかいチーズを切るのに最適。刃にチーズがくっつかない。
c セミハードチーズ用。先端がふたつに割れているのは、切ったチーズを刺してすぐにサービスできるように。
d セミハード、ハードチーズ用。柄がしっかりとしていて、刃に安定感がある、刃を真っすぐに下ろすことができるように考えられた形なので、チーズを均一に切ることができる。
e ハードチーズ用。刃の部分がかなりしっかりとしている。持ち手は木製ですべりにくいものがよい。

チーズスライサー

ハードチーズを薄切りにしたいときに使う。チーズに当てる角度によって、厚みを調整することができる。

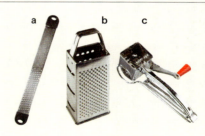

チーズグレーター（チーズおろし）

a 少量をすりおろすときに便利。料理の仕上げにかけるときにも使う。
b 4面グレーター。面によって目の粗さが違うので、用途によって使い分けることができる。
c ハンドルをグルグルと回してチーズを削りおろすタイプ。ハードチーズも楽におろせる。

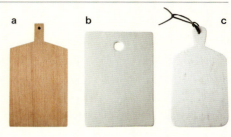

カッティングボード

a 木製のカッティングボードはナイフ当たりがソフト。きれいに使い続けることを考えたら、木目の詰まったものを。
b 陶器のボード。テーブルに出したときにコーディネイトしやすく、器代わりに使える。
c 大理石のボード。チーズがくっつきにくく、使用後も洗いやすい。

まずはチーズ＋αで食べてみる

チーズの香り、うまみ、味わいを知るなら、まずはそのまま食べてみること。
次に、ほんのひと味を足して楽しむのがおすすめ。
たったそれだけで違うおいしさに出会え、チーズの世界がグンと広がります。
ここでは、相性のよい組み合わせを紹介します。

6Pチーズ ＋ちぎった韓国のり	クリームチーズ ＋からすみのすりおろし	モッツァレラ ＋はちみつ、自然塩	フェタ ＋クレソン	白カビチーズ （サンタンドレ） ＋白すりごま

白カビチーズ （カマンベール） ＋粗びき黒こしょう	青カビチーズ （ロックフォール） ＋ブラックチョコレート	ゴーダ ＋カレー粉	シェーブルチーズ （サントモール） ＋トマト	ウォッシュチーズ （ポン・レヴェック） ＋レーズン

チーズが少しずつ残ったら

オードブルで残ったチーズ、冷蔵庫にしまっていたチーズを組み合わせて
マリネやペーストを作ります。どちらも1種類より数種類使った方がおいしく、
さらに、熟成がすすんだものの方が早く味がなじみます。

チーズマリネ
ハードチーズ、セミハードチーズのみを使うのがポイント。やわらかいチーズを使うと溶け出してしまいます。

作り方 ハードチーズ、セミハードチーズ適量を1cm角に切り、清潔な保存容器に入れる。オリーブオイルをひたひたに注ぎ入れ、タイム1〜2本、粗びき黒こしょう適量を加え、冷蔵庫に入れて1時間以上おく。冷蔵庫で6日ほど保存可。

チーズペースト
ブルーチーズが多ければ辛みと風味が強めのペーストになり、フレッシュチーズが多ければマイルドな味わいに。ポイントはセミハードやハードチーズなどかたいチーズを混ぜないこと。もし混ぜる場合はすりおろして加えます。

作り方 フレッシュチーズ、白カビチーズ、青カビチーズ各適量をフードプロセッサーに入れてなめらかになるまで撹拌し、塩気が足りないようなら塩を適量足して再び撹拌する。清潔な保存容器に入れて表面をならす。すぐに食べられる。冷蔵庫で4日ほど保存可。

チーズとお酒の定番コンビ

ヨーロッパ各地には
個性的なチーズとワインがあり、
これぞ、といわれる組み合わせがあります。
また、蒸留酒や日本酒などと
相性がよいチーズもあります。
熟成の度合いにもよりますが、
ここでは、それぞれが引き立て合う
「おいしいコンビ」の一部を紹介。
チーズの魅力を感じることができます。

ウォッシュチーズ（ラングル）
＋ シャンパン

シェーブルチーズ（ヴァランセ）
＋ 白ワイン

青カビチーズ（ゴルゴンゾーラ）
＋ 赤ワイン

ウォッシュチーズ（リバロ）
＋ カルバドス

スモークチーズ
＋ ウイスキー

ミモレット
＋ 日本酒

チーズとコーヒーの定番コンビも

ブリア・サヴァラン
＋ はちみつナッツ
＋ ブラックコーヒー

作り方 アーモンドとピーカンナッツ合わせて40g（150℃のオーブンで10分ほどローストしたもの）を粗くたたき、はちみつ大さじ2と混ぜ合わせる。白カビチーズのブリア・サヴァランとともに器に盛る。

プロセスチーズ / 6Pチーズ

チーズフライ

チーズは中温から揚げるのがポイント。
低温から揚げると、おいしそうな揚げ色がつく前に
中身が溶け出してしまうことがあります。
そのまま、またはウスターソースをつけていただきます。

材料　6個分
6Pチーズ .... 1箱（6切れ）
衣
　薄力粉 .... 適量
　溶き卵 1個分
　パン粉 .... ½カップ
揚げ油 .... 適量
好みのレタス類 .... 適量

1　チーズは薄力粉、溶き卵、パン粉の順に衣をつける。
2　揚げ油を中温に熱して1を入れ、きつね色になるまで揚げる。
3　器に盛り、好みのレタス類を添える。

チーズ豚肉ロール しょうがだれ

プロセスチーズを棒状に切って豚肉で巻き、
フライパンでさっと焼き上げます。
ここではしょうがだれをかけましたが、
フライパンに加えてしょうが焼き風にしても。

材料　作りやすい分量
プロセスチーズ（ブロック）…… 40〜50g
豚バラ薄切り肉（しゃぶしゃぶ用）
　………………………………… 20枚
サラダ油 ………………… 大さじ1½
しょうがだれ
　おろししょうが ………… 1かけ分
　酒 ……………………… 大さじ2
　しょうゆ ……………… 大さじ1
キャベツのせん切り ……………… 適量

1　チーズは1cm角、4cm長さの棒状に切る。

2　豚肉2枚を少しずらして重ね、1のチーズ1切れを斜めにおいてクルクルッと巻く。なるべくチーズが見えなくなるように巻き上げる。残りも同様にする。

3　フライパンにサラダ油を熱し、2を巻き終わりを下にして入れる。焼き色がついたら転がしながらまんべんなく焼き、器に盛りつける。

4　3のフライパンの油をペーパータオルで拭き取り、しょうがだれの材料を入れてひと煮立ちさせ、3にかける。キャベツのせん切りを添える。

プロセスチーズ　ブロック

プロセスチーズ／ブロック

角切りチーズと
スモークサーモンのかき揚げ

そのまま食べられる材料の組み合わせなので、
衣がカリッとしたら、もうでき上がり。
アツアツはもちろん、冷めてもおいしいのが魅力です。

材料 作りやすい分量
プロセスチーズ（ブロック）....... 140g
スモークサーモン（薄切り）..... 12枚
玉ねぎ .... ½個
青じそ 4枚
薄力粉 .... ½カップ
揚げ油 .... 適量

1. チーズは1cm角に切る。スモークサーモンは2cm幅に切り、玉ねぎは薄切り、青じそはせん切りにする。
2. 1をボウルに入れ（写真a）、薄力粉を加えて全体にまぶす（写真b）。
3. 2に水を大さじ2ずつ加え、軽くまとまるようになるまで入れる。
4. 揚げ油を中温に熱し、3をひと口大にまとめて落とし入れ、カリッとなるまで揚げる（写真c）。

a

b

c

プロセスチーズ / スライスチーズ

スライスチーズ入り生春巻き

野菜とチーズだけで作る、
ヘルシーでライトな食べ心地の生春巻きです。
おつまみにするほか、軽めのランチにもおすすめ。

材料　4本分
スライスチーズ 4枚
パプリカ（赤、黄）............... 各½個
万能ねぎ（青い部分）........... 4本分
フリルレタス 4枚
生春巻きの皮 4枚
たれ
　┌ ごま油 .... 大さじ½
　│ 白すりごま 大さじ1
　│ ナンプラー 大さじ1
　└ 酢 大さじ1

1　パプリカは縦薄切りにする。万能ねぎは半分の長さに切る。

2　生春巻きの皮を1枚ずつぬるま湯につけて戻し、水気をきってラップの上に広げ、フリルレタス、チーズ、パプリカ、万能ねぎの順にのせる（写真）。

3　春巻きの要領で手前からきつめに巻き上げる。残りも同様にする。

4　器に盛り、たれの材料を混ぜ合わせて添える。

スモークチーズのおつまみ3種

焼きのり、大根、きゅうり、サラミを使った
お手軽おつまみ3種。思い立ったときに
パパッと作れるのがうれしい！

材料　作りやすい分量

のり巻きチーズ
| スモークチーズ（ブロック）.... 適量
| 焼きのり 1枚

大根巻きチーズ
| スモークチーズ（ブロック）.... 適量
| 大根 8cm

きゅうりとスモークハム＆チーズ
| スモークチーズ（ひとロサイズ）
|　　　　　　　　　　　　........ 適量
| きゅうり .... 適量
| サラミ（薄切り）............ 2～3枚

●のり巻きチーズ
1　のりは8等分に切る。チーズはのりで巻ける大きさに切る。
2　のりの上にチーズをのせて巻く。

●大根巻きチーズ
1　チーズは1cm角、4cm長さの棒状に切る。
2　大根をピーラーで薄く削り、チーズをのせて巻く。

●きゅうりとスモークハム＆チーズ
1　チーズときゅうりは1cm厚さの輪切りにする。サラミは半分に切る。
2　きゅうりの上にサラミ、チーズの順にのせる。

プロセスチーズ
シュレッドチーズ

えびのチーズチリソース

豆板醤を使ったチリソース煮の
仕上げにチーズを加えるとマイルドな味わいに。
汁気がほどよく、お弁当にもおすすめ。

材料　4人分
シュレッドチーズ（好みのもの）… 40g
えび（無頭、殻つき）………………… 8本
たけのこ（水煮）……… 小2本（160g）
ごま油 ……………………… 大さじ1½

合わせ調味料
　酒 ………………………… 大さじ2
　豆板醤 …………………… 小さじ1½
　塩 ………………………… 小さじ⅔
　トマトケチャップ ……… 大さじ4

1　えびは殻をむき、背中に浅く切り込みを入れて背ワタを取る。たけのこは縦半分に切ってよく洗い、横半分に切ってそれぞれ4等分に切る。

2　合わせ調味料の材料は混ぜ合わせる。

3　フライパンにごま油を熱して1を炒め、えびの色が変わったら2を加えて混ぜ合わせ、ひと煮立ちさせて火を止める。

4　熱いうちにチーズを加える。

にんじんとチーズのガレット

シュレッドチーズに含まれている油脂が溶け出して、
にんじんとチーズだけでガレットができ上がります。
表面はカリッ、ひと口頬張ると甘くやさしい味わいです。

材料 直径22cmのフライパン1個分
シュレッドチーズ（好みのもの）
　………………………………… 120g
にんじん …………………… 1本
こしょう …………………… 適量

1 にんじんは2cm長さのせん切りにし、チーズとともにボウルに入れ、こしょうをふって混ぜ合わせる。
2 フライパンに1を入れて平らにし（写真）、強めの弱火にかけ、底面に焼き色がつくまで焼く。
3 ひっくり返してふたをして3分ほど焼き、ふたを取ってさらに1分ほど焼く。

チーズハンバーグ

牛肉100%のハンバーグを焼き、
シュレッドチーズをのせて溶かし、
味にも見た目にもボリュームを出します。
オーブンで焼き上げると、
ふっくらジューシーに仕上がります。

材料　3〜4人分
シュレッドチーズ（好みのもの）… 80g
ハンバーグのタネ
　牛ひき肉 ………………………… 250g
　玉ねぎのみじん切り ……… ½個分
　にんにくのみじん切り … ½かけ分
　卵 …………………………………… 1個
　パン粉 …………………………… 大さじ2
　牛乳 ……………………………… 大さじ2
　塩 ………………………………… 小さじ⅔
　こしょう ……………………………… 適量
サラダ油 …………………………… 大さじ2
ほうれん草 …………………………… 1束

1　ハンバーグのタネを作る。パン粉と牛乳は合わせておく。
2　ボウルに1、ひき肉、玉ねぎ、にんにく、卵、塩、こしょうを入れてよく練り混ぜ、6等分にする。空気を抜くように両手の間でキャッチボールをしてから丸く形作る（写真a）。
3　フライパンにサラダ油を熱して2を入れ、両面に焼き色がつくまで焼き（写真b）、いったん取り出す。中まで火が通っていなくてよい。
4　ほうれん草は根元を切り落として半分の長さに切る。
5　3のフライパン（オーブンに入れられるタイプ）または耐熱容器に4を敷き、3のハンバーグをのせ、チーズをのせる（写真c）。
6　天板にのせ、220℃に予熱したオーブンで10分ほど焼き、中まで火を通す。

a

b

c

プロセスチーズ
シュレッドチーズ

ゆで卵とチーズの
カレー風味オーブン焼き

材料はとってもシンプル。
ゆで卵にマヨネーズ、カレー粉、
チーズをのせてオーブンへ。
カレーの風味が鼻をくすぐります。

材料　2人分

シュレッドチーズ（好みのもの）… 60g
ゆで卵 ………………………………… 4個
マヨネーズ ………………………… 大さじ4
カレー粉 …………………………… 小さじ¼

1　ゆで卵は殻をむいて6等分の輪切りにし、耐熱容器に少しずらしながら並べる。

2　1の上にマヨネーズを回しかけ、カレー粉を茶こしでふるいかけ、チーズを散らす。

3　オーブントースターで焼き色がつくまで6〜7分焼く。

チーズホットドッグ

粒マスタード風味のキャベツとソーセージをはさみ、
シュレッドチーズをたっぷりのせてオーブンへ。
チーズが溶けておいしそうな焼き色がついたらでき上がり。

材料　4本分

シュレッドチーズ（好みのもの）
　………………………… 適量
ソーセージ（ロング） …………… 4本
キャベツの細切り ………………… 1枚分
粒マスタード ……………… 大さじ1
トマトケチャップ ………………… 適量
ホットドッグ用パン …………… 4個

1　ボウルにキャベツと粒マスタードを入れ、キャベツをもんで5分ほどおき、軽くしんなりさせる。

2　ソーセージは横に5mm間隔に浅く切り込みを入れる。

3　パンの上部に切り込みを入れ、1を詰めて2をのせる。

4　トマトケチャップを絞りかけ、チーズをたっぷりとのせ、オーブントースターでチーズにこんがりと焼き色がつくまで5〜6分焼く。

プロセスチーズ / シュレッドチーズ

チキンマカロニグラタン

手作りのホワイトソースで作ると、やさしい味わい。
シュレッドチーズをたっぷりのせて焼き色がつくまで
しっかりと焼くのが、おいしさのポイントです。

材料　5〜6人分

シュレッドチーズ（好みのもの）
　　　　　　　　　　　　100g

ホワイトソース

　牛乳 ……………………… 1カップ
　バター …………………………… 20g
　薄力粉 …………………………… 20g
　塩 …………………………… 小さじ½
マカロニ ………………………… 200g
鶏もも肉 ………………………… 小1枚
マッシュルーム ……………… 6〜7個
サラダ油 ……………………… 大さじ½
玉ねぎの薄切り ……………… ½個分
にんにくの薄切り …………… ½かけ分
白ワイン ……………………… 大さじ2
生クリーム …………………… 150㎖
塩、こしょう ………………… 各適量
パン粉 ………………………… 大さじ2

1. ホワイトソースを作る。鍋にバターを溶かして薄力粉を加え（写真a）、粉っぽい香りがなくなるまで弱めの中火で3分ほど炒める。
2. 1に牛乳を3回に分けて加え（写真b）、粉と牛乳がなじむよう、ゴムべらでしっかりと混ぜる。最後の牛乳を加えたら塩も加え、泡立て器に替えてなめらかになるまで混ぜて火を止める。
3. マカロニは塩適量を入れたたっぷりの湯でゆで、ザルに上げる。
4. 鶏肉は2cm角に切る。マッシュルームは石づきを取って縦4等分に切る。
5. フライパンにサラダ油を熱して鶏肉を炒め、ほぼ火が通ったら玉ねぎ、にんにく、マッシュルーム、塩小さじ½、こしょう少々を加えて炒める。玉ねぎがしんなりしたら白ワインを加えてアルコール分を飛ばして火を止める。バットに移して粗熱を取る（写真c）。
6. ボウルに3と5を入れ、ホワイトソース、生クリームを加えて混ぜ（写真d）、塩、こしょう各少々で味を調える。
7. 耐熱容器に6を入れ、チーズをのせ（写真e）、パン粉をふり、240℃に予熱したオーブンで12〜15分焼く。

a

どちらのディップも、密閉容器に詰めて冷蔵庫で1週間ほど保存可。

クリームチーズ、パン、にんにくのディップ

クリームチーズをメインに、ヨーグルト、ブルーチーズなどを加えて仕上げたコクのある味わいのディップ。生野菜につけていただきます。

材料 作りやすい分量
クリームチーズ 150g
サンドイッチ用食パン（耳なし）
.... 2枚
にんにく 1かけ
ブルーチーズ（好みのもの）........ 20g
プレーンヨーグルト 大さじ4
塩 .... 小さじ½

1 クリームチーズは常温に戻し、パンは適当な大きさにちぎる。
2 にんにくはかぶるぐらいの水とともに小鍋に入れて火にかけ、やわらかくなるまでゆで、ザルに上げて水気をきる。
3 フードプロセッサーに1、2、ブルーチーズ、ヨーグルト、塩を入れ（写真）、なめらかになるまで撹拌する。
4 器に盛り、パプリカ、ラディッシュ、チコリなど好みの生野菜（分量外）につけていただく。

クリームチーズ、ゴーダチーズ、ナッツのディップ

ウスターソースとマスタードを入れることで、スパイシーな仕上がりに。ゴーダチーズを加えることでチーズらしさが強調されます。

材料 作りやすい分量
クリームチーズ 150g
ゴーダチーズのすりおろし 30g
クルミ 20g
ウスターソース 大さじ2
イエローマスタード .... 大さじ½

1 クルミは天板にのせ、150℃に予熱したオーブンで10分ほどローストするか、フライパンに入れて弱火で10分ほどかけて香りが出るまでじっくりといる。冷ましてみじん切りにする。
2 ボウルにクリームチーズを入れて常温に戻し、ゴーダチーズを入れ（写真）、クルミ、ウスターソース、イエローマスタードを加えて混ぜ合わせる。
3 器に盛り、パプリカ、ラディッシュ、チコリなど好みの生野菜（分量外）につけていただく。

フレッシュチーズ / クリームチーズ

キャラメルチーズクリームの
クッキーサンド

キャラメルの香ばしさと
甘さが加わったクリームチーズが美味。
クッキーやサブレにはさんで、
おやつに、おもてなしに、手みやげに。

材料　作りやすい分量

クリームチーズ	80g
グラニュー糖	大さじ2

キャラメル

グラニュー糖	大さじ2
水	大さじ2

クッキーまたはサブレ（市販のもの）　約16枚

1　チーズはボウルに入れ、グラニュー糖を加えてやわらかくなるまで練る。

2　キャラメルを作る。小鍋にグラニュー糖と水大さじ1を入れ、焦げ茶色になるまで火にかける（写真a）。ぬれ布巾の上に鍋底をつけて粗熱を取り、残りの水を加えて鍋をゆすって混ぜ、冷めるまで待つ（写真b）。

3　1に2を加えて混ぜ合わせる（写真c）。

4　クッキーを2枚1組にし、3を適量ぬって（写真d）、はさむ。

a

b

c

d

フレッシュチーズ
カッテージチーズ

オレンジ、セロリ、カッテージチーズのサラダ

フレッシュなチーズ、ジューシーなオレンジ、
香りのよいセロリと
イタリアンパセリの組み合わせが絶妙。

材料　3〜4人分

カッテージチーズ	70g
ネーブルオレンジ	2個
セロリ	1本
塩	小さじ2/3
イタリアンパセリのみじん切り	4本分
オリーブオイル	大さじ2

1　ネーブルオレンジは皮と白いワタを取り除いて1cm厚さの輪切りにし、4等分に切る。

2　セロリは筋のかたいところをピーラーでむき、斜め薄切りにしてボウルに入れ、塩をふってしんなりするまで15分ほどおく。水気が出たらしっかりときる。

3　器に1を平らに盛って2をのせ、チーズを箸でつまんで小さなかたまりにしてところどころにおく。イタリアンパセリを散らし、オリーブオイルを回しかける。

フレッシュチーズ　カッテージチーズ

カッテージチーズと
ドライトマトの冷製パスタ

ドライトマトは細かく刻むとカッテージチーズとの相性がよく、
カッペリーニにも絡みやすくなります。
冷製のパスタには、細めのパスタがよく合います。

材料　2人分
カッテージチーズ ……………… 80g
カッペリーニ …………………… 160g
にんにくのみじん切り …… ½かけ分
玉ねぎのみじん切り ……… 小¼個分
オリーブオイル …………… 大さじ4
ドライトマトのみじん切り
　　　　　　　　……………… 大さじ2
塩、こしょう ……………… 各適量

1. 小鍋ににんにく、玉ねぎ、オリーブオイル大さじ2を入れて弱火にかけ、5分ほど炒めて火を止める。残りのオリーブオイルを加えて冷ます。
2. 1が冷めたら、ドライトマトとチーズを加えて混ぜ、塩小さじ1弱、こしょうで味を調える。
3. カッペリーニは塩適量を入れたたっぷりの湯でゆで、ザルに上げて水気をきり、冷水（夏場は氷水）で冷やす。冷めたらザルに上げてしっかりと水気をきる。
4. ボウルに3を入れ、2を加えてよく混ぜ合わせ、塩、こしょう各少々で味を調える。

フレッシュチーズ / カッテージチーズ

厚切りハムソテー ケイパーチーズソース

ローズマリーの香りを移した生クリームと
カッテージチーズ、ケイパーを合わせた
ソースがおいしさの秘密。
ポークソテーやチキンソテーにも合います。

材料　2人分

ケイパーチーズソース
- カッテージチーズ ……… 80g
- 生クリーム ……… 80㎖
- ローズマリー ……… ½枝
- ケイパーのみじん切り ……… 15g
- 塩 ……… 小さじ⅓
- こしょう ……… 適量

ロースハム（ブロック）
　……… 1cm厚さのもの2枚
サラダ油 ……… 大さじ1½
好みのサラダ野菜 ……… 適量

1. ケイパーチーズソースを作る。小鍋に生クリームとローズマリーを入れて弱火にかけ、鍋の縁が泡立って熱くなってきたら火を止める。そのまま冷ましてローズマリーの香りを生クリームに移す。
2. 1にチーズを加え（写真a）、続けてケイパーを入れ（写真b）、塩、こしょうを入れてよく混ぜる（写真c）。
3. フライパンにサラダ油を熱してロースハムを入れ、強めの弱火で両面焼き色がつくまで焼く。ペーパータオルの上にのせて油をきる。
4. 器に3を盛り、2のケイパーチーズソースをかけ、オリーブオイル、白ワインビネガー、塩、こしょう各少々（分量外）であえたサラダ野菜を添える。

a
b
c

フレッシュチーズ / モッツァレラ

ちぎりモッツァレラとメロン、カリカリベーコンのサラダ

キーンと冷えた白ワインによく合う、さわやかな食べ心地。
オリーブオイルは、香りの高い
エキストラバージンを使ってください。

材料 作りやすい分量

モッツァレラ	1個
メロン	½個
ベーコン（かたまり）	50〜60g
サラダ油	大さじ1
紫玉ねぎ	½個
レモン汁	小さじ½
塩	小さじ⅓
オリーブオイル	大さじ2
こしょう	適量

1 メロンは6等分のくし形に切って皮をむき、種を取り除く。
2 ベーコンは5mm幅に切り、サラダ油とともにフライパンに入れて弱火にかけ、カリカリになるまで焼く。ペーパータオルを敷いたバットに取り出し、油をきる。
3 紫玉ねぎは薄切りにする。
4 1のメロンを一口大に切って器に盛り、3を散らす。チーズを2cm角くらいの大きさにちぎってのせ、2を散らし、レモン汁、塩、オリーブオイルを回しかけてこしょうをふる。

バゲットのアンチョビーチーズのせ

アンチョビー、生クリーム、
モッツァレラチーズで作ったソースを、
オリーブオイルをぬった
カリカリバゲットにトッピング。

材料　3〜4人分

アンチョビーチーズ
　モッツァレラ 1個
　生クリーム 100ml
　アンチョビー 3本
バゲットの斜め薄切り 12枚
タイムの葉 2本分
オリーブオイル 大さじ2
粗びき黒こしょう .... 小さじ½

1. ボウルにタイムの葉（枝は除く）とオリーブオイルを入れて混ぜ、刷毛でバゲットにたっぷりとぬり、オーブントースターでカリッとするまで焼く。
2. アンチョビーチーズを作る。チーズは1cm角に切る。
3. 鍋にアンチョビーを油をきらずに入れて弱火にかけ、ヘラで混ぜながらなめらかにする。生クリームを加えて混ぜ、2を加えてごく弱火でチーズを溶かす。
4. 1を器に盛り、3を熱いうちにかけ、粗びき黒こしょうをふる。

フレッシュチーズ　モッツァレラ

フレッシュチーズ / モッツァレラ

モッツァレラチーズ入り ミニトマト煮

相性のよいモッツァレラチーズとミニトマト、
バジルを組み合わせた温製カプレーゼ。
材料はいたってシンプル、作り方も簡単。
ストレートなおいしさを、パンと一緒に楽しみます。

材料　2～3人分

モッツァレラ	1個
ミニトマト	30個
塩	小さじ1弱
こしょう	適量
バジル	8枚
オリーブオイル	大さじ4
バゲットの厚切り	適量

1. ミニトマトはヘタを取って縦半分に切る。
2. フライパンまたは浅めの鍋に1とオリーブオイル大さじ2を入れ、塩をふって弱火にかけ、温まってきたらフライパンをゆすって焦がさないようにゆっくりと火を通す。こしょうをふり、バジルをちぎって加える（写真a）。
3. 中央にチーズをおき（写真b）、ふたをして2分ほど蒸し煮し、火を止めて2分ほどおく。ふたを取り、残りのオリーブオイルを回しかける。バゲットを添える。

器にバゲットをおき、モッツァレラチーズ入りミニトマト煮をのせて、一緒にいただく。

甘えびときゅうりの
リコッタチーズあえ

やわらかくて口当たりのよいリコッタチーズを使った、
クリーミーな味わいの1品。
甘えびの代わりにかにを使っても。

材料　4人分
リコッタ 150g
甘えび（刺し身用） .... 15〜16尾
きゅうり 2本
きゅうり用
　塩 .... 小さじ½
　白ワインビネガー 大さじ1
塩 .... 小さじ½
ディル（葉のみ）のざく切り 2本分

1　きゅうりは2〜3mm厚さの輪切りにしてボウルに入れ、塩、白ワインビネガー、水大さじ1を加えて混ぜ、20分ほどおく。
2　甘えびは尾をはずして3等分に切る。
3　別のボウルにチーズと塩を入れてよく混ぜ、きゅうりの水気をギュッと絞って加える。
4　3に甘えび、ディルを加えてあえる。

リコッタチーズの
はちみつオムレツ 黒こしょう風味

卵に包まれたリコッタチーズはやさしい味わい。
卵液にはパルメザンチーズを入れて風味よく。
はちみつと黒こしょうでいただくと、
この上ないおいしさです。

材料　1～2人分

リコッタ	30g
卵	2個
塩	ふたつまみ
パルミジャーノ・レッジャーノのすりおろし	大さじ1
バター（食塩不使用）	8g
はちみつ	小さじ1
粗びき黒こしょう	ふたつまみ

1　リコッタは細かくちぎる。

2　ボウルに卵を割りほぐし、塩とパルミジャーノ・レッジャーノを入れてよく混ぜる。

3　フライパンを弱火にかけて温め、バターを入れ、ジュワジュワと音がして溶けきったところで2を流し入れ、表面はまだ半熟でフライパンを傾けても流れないほどにかたまったら、リコッタを手前半分にまんべんなくのせ、奥から半分に卵を折りたたむ。

4　器に盛り、はちみつと水小さじ1を混ぜ合わせてかけ、粗びき黒こしょうをふる。

フレッシュチーズ / リコッタ

軽く焼いたバゲットと一緒に食べるのもおいしい。

材料　4〜5人分

リコッタ 150g
豚バラ薄切り肉 10枚
玉ねぎのみじん切り 1/4個分
塩、こしょう .... 各適量
一味唐辛子 .... 適量

豚薄切り肉のリコッタ巻き 唐辛子まぶし

こんがり焼いた豚バラ肉のうまみと脂で
リコッタチーズが野性的な味わいに。
仕上げに唐辛子をふって味を引き締めます。

1. 豚肉は半分の長さに切り、片面に軽く塩とこしょうをふる。
2. ボウルにチーズ、玉ねぎ、塩小さじ1/3、こしょう少々を入れて混ぜ合わせ、20等分にする。
3. 1の豚肉の中央に2をのせ、豚肉の両端を丸めてチーズを巻く（写真a、b）。
4. 耐熱容器に並べて一味唐辛子をふる（写真c）。
5. 天板にのせ、250℃に予熱したオーブンで10分ほど焼く。

a

b

c

材料　4〜5人分

フェタ	120g
黒オリーブ（種なし）	12個
チコリ	1個
パイナップル	200g
オリーブオイル	大さじ1
バゲット	8cm
にんにく	½かけ
スペアミント（葉のみ）	10枚

ドレッシング

プレーンヨーグルト	大さじ3
マヨネーズ	小さじ2
玉ねぎのみじん切り	1/10個分
塩	小さじ½
こしょう	適量

1. チーズは1cm角に切る。オリーブは半分に切り、チコリは1枚ずつにし、横2〜3cm幅に切る。
2. パイナップルは2cm角、5mm厚さに切り、フライパンにオリーブオイルを熱して並べ入れ、動かさずに軽く焼き色がつくまで焼き、もう片面は焼かずに取り出す。
3. バゲットは5mm厚さに切ってから半分に切り、片面ににんにくの切り口をしっかりとこすりつけ、オーブントースターでにんにくの香りがしてくるまで焼く。
4. 大きめのボウルにドレッシングの材料を入れてよく混ぜ、1、2、3とミントをちぎりながら加えて混ぜ合わせる。

フェタチーズと焼きパイナップル、パンのサラダ

塩気とコクのあるフェタチーズをおいしくいただくためのサラダがこちら。
ほんのりにんにく風味のバゲットがポイントです。

めかじきのソテー
フェタと干しあんずのソース

塩気のあるフェタチーズと甘酸っぱい干しあんずは好相性。
オリーブオイルであえて、白身魚に合うソースを作ります。
干しあんずがないときは、ミニトマトを使っても。

材料　2人分
フェタソース

フェタ	60g
干しあんずの粗みじん切り	4枚分
オリーブオイル	大さじ1½
めかじき	2切れ
オリーブオイル	大さじ1½
にんにく	½かけ
塩	小さじ¼
こしょう	適量
セルバチコ、紫チコリ	各適量

1 フライパンにオリーブオイルを入れ、にんにくをたたきつぶして加えて弱火で熱し、オリーブオイルににんにくの香りをつける。

2 1のフライパンにめかじきを並べ入れ、塩とこしょうをふり、強めの弱火でしばらく動かさずに焼く。焼き色が全体についたらひっくり返し、両面色よく焼く。ツヤが出てきたら火を止める。

3 フェタソースを作る。ボウルにチーズを入れてフォークの背などでつぶし、干しあんずとオリーブオイルを加えて混ぜる。

4 器に2を盛り、3のソースをかけ、セルバチコと紫チコリを添える。

マスカルポーネと
ブランデーレーズンのトライフル

クセがなくて食べやすいマスカルポーネチーズと
自家製のブランデー漬けレーズン、
フィンガービスケットで作る、
大人が楽しむトライフルです。

a
b
c
d
e

材料 作りやすい分量

マスカルポーネ 300g
グラニュー糖 30g
生クリーム 30ml
フィンガービスケット
　（市販のもの） 10本
ブランデー漬けレーズン
　レーズン 80g
　ブランデー 大さじ2
キウイのはちみつマリネ
　キウイ 4個
　はちみつ 大さじ6

1　ブランデー漬けレーズンを作る。保存容器またはポリ袋にレーズンとブランデーを入れ、40分ほどおく（写真a）。

2　キウイのはちみつマリネを作る。キウイは皮をむいて1.5cm角に切り、ボウルに入れ、はちみつを加えて20分ほどおく（写真b）。

3　チーズはグラニュー糖、生クリームを加えて混ぜる。

4　深めの容器に3のチーズの半量を入れ、1のレーズンの半量を散らし（写真c）、フィンガービスケットの半量を平らに並べる。その上に2のキウイの半量を汁気をきらずにのせる（写真d）。

5　4の上に残りのチーズの半量をのせ（写真e）、残りのレーズン、フィンガービスケット、キウイの順に重ね、一番上に残りのチーズをのせる。冷蔵庫に入れて30分ほどねかせる。

タルトフランベ

フランス・アルザス地方の薄焼きピザ。
フロマージュ・ブランと玉ねぎの薄切りを入れるのが、
オーソドックスなスタイル。
パンのように生地をふくらませる必要がないので、思いのほか簡単です。

材料 4〜5人分

フロマージュ・ブラン	100g
玉ねぎ	½個
ベーコン（薄切り）	3枚
塩	小さじ⅓
こしょう	適量

生地

薄力粉	75g
強力粉	75g
バター（食塩不使用）	50g
水	60ml

1 生地を作る。大きめのボウルにバターを入れて湯せんで溶かし、湯せんからはずし薄力粉、強力粉を加え、フォークでグルグルと混ぜる（写真a）。ポロポロのそぼろ状になったら分量の水を加え、指でギュッと握るようにしてこね（写真b）、ひとつにまとめる（写真c）。

2 玉ねぎは薄切りにし、ベーコンは細切りにする。

3 1の生地をオーブンシートの上におき、めん棒で2mmほどの厚さに、だいたい四角形になるようにのばす。

4 ところどころにフォークで穴をあけ、チーズをのせてのばす（写真d）。

5 オーブンシートごと天板にのせ、玉ねぎとベーコンを散らし（写真e）、塩、こしょうをふる。240℃に予熱したオーブンで18〜20分、表面をしっかりと焼く。切り分けていただく。

フレッシュチーズ

フロマージュ・ブラン

材料　4〜5人分

フロマージュ・ブラン	80g
巨峰（種なし）	6粒
ブルーベリージャム	100g

生地

薄力粉	75g
強力粉	75g
バター（食塩不使用）	50g
水	60mℓ

ぶどうの甘い
タルトフランベ

p.44の生地を使った、
タルトフランベのデザートバージョン。
季節のフルーツを使って一年中楽しめます。

1　生地はp.44を参照して同様に作り、
ひとつにまとめる。オーブンシートの
上におき、めん棒で2mmほどの厚さに、
だいたい四角形になるようにのばす。

2　巨峰は皮をむかずに3等分の薄切り
にする。

3　1の生地のところどころにフォークで
穴をあけ、チーズをのせてのばし、ジ
ャムものせてのばし、2を散らす。

4　オーブンシートごと天板にのせ、240
℃に予熱したオーブンで18〜20分、
表面をしっかりと焼く。切り分けてい
ただく。

ベリーとはちみつの
フロマージュ・ブラン

フロマージュ・ブランの最も手軽な楽しみ方です。
秋にはゆで栗や焼き栗と組み合わせるのもおすすめです。

材料 2人分
フロマージュ・ブラン 150g
ベリー類（いちご、ブルーベリー、
　ラズベリーなど）..................... 適量
はちみつ 大さじ4

1. いちごは洗ってヘタを切り落とし、大きければ2〜4等分に切る。ほかのベリー類は洗って水気を拭く。
2. 器にチーズを盛り、1を彩りよくのせ、はちみつを回しかける。

白カビチーズ
サンタンドレ

白カビチーズのハーブまぶし

ここでは手頃なサイズのサンタンドレを使い、
ハーブをたっぷりまぶしてオードブルに仕立てます。
ハーブは1種類より数種類使った方が
味が複雑になっておいしい。

材料 作りやすい分量

サンタンドレ ……………… 1個（200g）
ディル …………………………………… 3本
セルフィーユ ……………………… 2本
イタリアンパセリ ………………… 2本
オリーブオイル ……………… 大さじ1
バゲットの薄切り ………………… 適量

1 ディル、セルフィーユ、イタリアンパセリは葉だけを摘み、粗みじん切りにする。

2 チーズをボードなどにおき、表面に刷毛でオリーブオイルをまんべんなくぬって1を手でまぶしつける。バゲットを軽くトーストして添える。

白カビチーズ / サンタンドレ

サンタンドレとさつまいもの メープルシロップかけ

クリーミーでマイルドな口当たりの
白カビチーズとホクホクのさつまいもで、
簡単おやつ＆デザート。

材料　2人分
サンタンドレ .... 1/3個（約70g）
さつまいも 1/2本
メープルシロップ .... 適量

1 さつまいもは皮をつけたまま洗って水気を拭き、蒸気の立った蒸し器に入れ、竹串を刺してスーッと通るまでやわらかく蒸す。
2 チーズは室温に戻し、放射状に切る。
3 器に2を盛り、1を食べやすい大きさに切り、または手で割って盛る。メープルシロップをたっぷりとかける。

ピーマンの白カビチーズ詰め
オーブン焼き

味つけは塩とこしょうのみ、
オリーブオイルのおいしさでまとめた、
とってもシンプルな一皿。
いつものカマンベールチーズにひと手間加えるだけで、
また違った味わいが楽しめます。

材料　3〜4人分
カマンベール 120g
ピーマン 8個
塩 小さじ1/3
こしょう .... 適量
スライスアーモンド .... 適量
オリーブオイル 大さじ1

1　チーズは放射状に8等分に切る。
2　ピーマンはヘタの部分を切り落とし、種を指で取り出し、キッチンバサミで縦3〜4cmの切り込みを入れる（写真a）。
3　2のピーマンに1のチーズを詰める（写真b）。
4　耐熱容器に入れて塩、こしょうをふり、スライスアーモンドを適当に割って散らす。
5　オリーブオイルを回しかけ（写真c）、天板にのせ（写真d）、250℃に予熱したオーブンまたはオーブントースターで8分ほど焼く。ピーマンがしんなりして焼き色がつき、チーズが溶けてきたらでき上がり。

a

b

c

d

かぶのポタージュ カマンベールのせ

シンプルなスープに白カビチーズをのせると
コクとうまみが加わって、おいしさ倍増。
ポタージュ以外の野菜のスープにもよく合います。

a
b
c

材料　4人分
カマンベール 40g
かぶ 5個
玉ねぎ .... ½個
オリーブオイル .... 少々
塩 .... 適量

1　かぶは洗って皮ごとひと口大の大きさに切る。玉ねぎも同じくらいの大きさに切る。

2　鍋にオリーブオイルを熱して1を入れてざっと炒め（写真a）、塩小さじ1とひたひたの水を加えてふたをし（写真b）、煮立ったら強めの弱火で野菜がつぶれるくらい、やわらかくなるまで煮る。

3　2にスティックミキサーを入れて攪拌し（写真c）、なめらかなポタージュにする（またはミキサーやフードプロセッサーに移して攪拌する）。濃度が濃すぎるようなら水適量（分量外）を入れて調整し、塩少々で味を調える。

4　チーズは放射状に4等分に切る。

5　3を温めて器に注ぎ入れ、チーズをのせる。

白カビチーズ　カマンベール

ビーフステーキ　白カビチーズのせ

ステーキは塩とこしょうだけでごくシンプルに焼き、
余熱で溶けてきたカマンベールチーズを
ソースのようにつけていただきます。
紫玉ねぎのシャキシャキ感がアクセントです。

材料　2人分
カマンベール ………………… 50g
牛ステーキ肉（サーロインまたは
　リブロースなど）……………… 2枚
紫玉ねぎ ………………… 小1/2個分
サラダ油 ………………… 大さじ1 1/2
塩 ………………………… 小さじ2/3
赤ワインビネガー ………… 大さじ1
こしょう …………………………… 適量

1　牛肉は30分ほど室温に戻す。
2　紫玉ねぎは薄切りにしてザルに入れ、流水の中でもみ洗いして辛みを抜き、ギュッと絞って水気をきる。チーズは放射状に8等分に切る。
3　フライパンにサラダ油を入れて中火で熱し、油が熱くなったら1の牛肉に塩、こしょう適量をふって並べ入れる。火加減はそのままに動かさずにこんがりと焼き色がつくまで焼き、ひっくり返して色が変わる程度にさっと焼いて火を止め、器に盛る。
4　2の紫玉ねぎを赤ワインビネガーでさっとあえて3の上にのせ、チーズをのせてこしょう少々をふる。

蒸し野菜のチーズソース

緑の野菜と白い野菜を蒸して甘みを引き出し、
生クリーム入りのチーズソースでいただきます。
彩りもきれいだから、おもてなしにもおすすめです。

材料　2〜3人分
チーズソース
| ブリー 140g
| 生クリーム .... 30㎖
ブロッコリー 4房
カリフラワー 4房
スナップえんどう .... 6〜7個
ドライトマトのみじん切り
　　.................................... 大さじ1

1　ブロッコリー、カリフラワー、スナップえんどうは蒸気の立った蒸し器でやわらかくなるまで蒸す。粗熱が取れたら、ブロッコリーとカリフラワーは縦半分に切り、スナップえんどうは縦にさいて筋を取る。

2　チーズソースを作る。チーズは小さく切って小鍋に入れ、生クリームを加えて弱火にかけ、混ぜながら溶かす。

3　器に2を敷き、ドライトマトを散らし、1の野菜をバランスよく盛る。

白カビチーズ　ブリー

高原レタスとブリーの
カスクルート

チーズとレタスを具にした、ごく簡単なサンドイッチ。
パリッとした皮のバゲットにバターとイエローマスタードをぬり、
ダイナミックにはさむのがおいしさの秘訣。軽食やお弁当に。

材料　1人分
ブリー ……………………………… 80g
レタス ……………………………… 3枚
バター（食塩不使用） …………… 12g
イエローマスタード ……… 大さじ1
バゲット（細めのもの）
　　　………………… ½本ほど（20cm長さ）

1　バゲットは厚みに深く切り込みを入れてオーブントースターで表面がパリッとするまで焼き、切り口にバターをのせ、余熱で溶けたら全体にぬる。
2　チーズは3cm角、5mm厚さに切る。
3　レタスは水につけてパリッとさせ、ペーパータオルで水気を拭き、大きめにちぎる。
4　1のバゲットの切り口にイエローマスタードを薄くぬり、レタス、チーズ、レタスの順にはさむ。

白カビチーズ　ブリー

ブリーチーズの
にんにくパセリバタートースト

ブリーをパンにのせるだけでもおいしいですが、
ここでは、にんにくパセリバターをたっぷりぬって
チーズトーストにします。

材料　2〜3人分
ブリー 140g
にんにくパセリバター
　バター（食塩不使用）............ 20g
　にんにくのみじん切り ... ½かけ分
　パセリのみじん切り 大さじ1
　こしょう .... 適量
パンドカンパーニュの薄切り 3枚

1　にんにくパセリバターを作る。バターを室温に戻してやわらかくし、にんにく、パセリ、こしょうを加えて混ぜる。

2　チーズは6等分に切る。

3　パンを半分に切り、1をぬって2をのせ、オーブントースターでチーズが溶けるまで焼く。

青カビチーズ（ブルーチーズ）
ロックフォール

ロックフォールのテリーヌ

ちょっぴりクセのあるブルーチーズと
クリームチーズを組み合わせた、
ブルーチーズ初心者にも食べやすい、ワインに合うオードブル。
型を使わないから簡単、冷蔵庫で冷やしかためるだけです。

材料 作りやすい分量
ロックフォール 80g
クリームチーズ 120g
クルミ 30g
レーズン 20g

1. クルミはオーブンシートを敷いた天板に広げ、150℃に予熱したオーブンで10分ほどローストし、粗熱が取れたらみじん切りにする。レーズンもみじん切りにする。
2. ボウルにチーズ2種を入れ（写真a）、ゴムベラでよく練り、1を加えてよく混ぜ合わせる（写真b）。
3. ラップを広げて2を細長くおき、ゴムベラで細長い台形に形作る（写真c）。ラップを巻き、ラップの上からさらに形を整え、冷蔵庫に2時間以上入れて冷やしかためる。
4. ラップを取って器に盛り、食べやすい厚さに切り分ける。

a

b

c

青カビチーズ（ブルーチーズ）
ロックフォール

りんごとブルーチーズのオーブン焼き

フルーツとチーズを組み合わせた、温製オードブル。
りんごは薄切りにして、バターとチーズの
うまみをしみ込ませながら焼くのがポイント。

材料　2人分

ロックフォール	40g
りんご	½個
バター（食塩不使用）	20g

1. りんごは芯と種を取って1cm厚さに切り、耐熱容器に少しずらしながら並べる。
2. 1の上にバターをちぎって散らし、チーズもちぎってところどころにおく。
3. 2を200℃に予熱したオーブンで15分ほど焼く。

オニオンリングフライ
ブルーチーズソース

ブルーチーズとヨーグルトを合わせたソースは
揚げものにぴったり。
ポテトフライにもよく合います。

材料 作りやすい分量
ブルーチーズソース
　ロックフォール 40g
　プレーンヨーグルト 大さじ5
玉ねぎ 1個
塩 .... 小さじ½
こしょう .... 適量
薄力粉 .... ¼カップ
衣
　溶き卵 1個分
　水 大さじ3
　パン粉 1カップ
揚げ油 .... 適量

1. 玉ねぎは横1cm幅の輪切りにしてばらばらにし、塩、こしょうをふり、薄力粉をまんべんなくつける。溶き卵に水を加えてよく混ぜ合わせ、玉ねぎをくぐらせ、パン粉をしっかりとつける。
2. 揚げ油を中温に熱し、1を入れてきつね色にカリッと揚げる。油をきって取り出す。
3. ボウルにチーズを入れてフォークの背でつぶし、ヨーグルトを加えて混ぜ合わせる。
4. 器に2を盛り、3のソースをかける。

青カビチーズ（ブルーチーズ） ロックフォール

ロックフォールと長ねぎのキッシュ

炒めた長ねぎの甘み、ベーコンのうまみ、
ブルーチーズと生クリームのコクと風味が絶妙。
市販のパイシートで作るので、簡単。思いのほか、軽い食べ心地です。

 a
 b
 c
 d

材料 15×22×3.5cm深さの耐熱容器1台分

ロックフォール 60g
冷凍パイシート
　（15×15cmのもの）............ 1枚
長ねぎ（白い部分。太いもの）........ 2本
ベーコン（薄切り）.................. 2枚
サラダ油 大さじ1½
塩 .... 小さじ⅓
こしょう .... 適量

卵液
　卵 2個
　塩 .... 小さじ⅓
　こしょう .... 適量
　生クリーム .... 40㎖

1　パイシートは解凍し、めん棒で1mm厚さにのばし、耐熱容器の内側に張りつける。容器からはみ出した分は切り取らずにそのまま縁の外側へたらし、底面にフォークでまんべんなく穴をあける。

2　1にオーブンシートをのせ、ひと回り小さい耐熱容器を重しとしてのせ、170℃に予熱したオーブンで30分ほど焼く。重しの容器が軽くて生地がふくらんできてしまったら、その上にさらに耐熱容器などをのせて重しを増やす。

3　2のオーブンの温度を160℃に下げてさらに10分ほど焼く（写真a）。いったん取り出す。

4　長ねぎは2cm長さに、ベーコンは1cm幅に切る。サラダ油を熱したフライパンに入れ、塩とこしょうをふり、長ねぎがしんなりするまで炒める。

5　卵液を作る。ボウルに卵を割りほぐし、塩、こしょうをふり、生クリームを加えて混ぜる。

6　天板に3をおき、4を入れ、チーズを手でちぎってのせる（写真b）。

7　卵液を静かに注ぎ入れ（写真c、d）、180℃に予熱したオーブンで20～25分焼く。卵液がかたまって表面においしそうな焼き色がついたらでき上がり。

青カビチーズ（ブルーチーズ）
ロックフォール

青カビチーズ（ブルーチーズ）

ゴルゴンゾーラ

ゴルゴンゾーラの
クイックおつまみ2種

冷蔵庫にある身近な素材と組み合わせた、
切るだけ、混ぜるだけの簡単レシピ。

材料 作りやすい分量

冷奴のゴルゴンゾーラのせ
- ゴルゴンゾーラ ………… 40g
- 豆腐（絹ごしまたは木綿）…… 1丁
- オリーブオイル ………… 大さじ2

**ちくわのゴルゴンゾーラ
べったら漬けのせ**
- ゴルゴンゾーラ ………… 50g
- べったら漬けのみじん切り … 40g
- ちくわ …………………… 4本

●冷奴のゴルゴンゾーラのせ
1. 豆腐はペーパータオルに包み、上下を手ではさんで押して水分を吸い取るようにし、食べやすい大きさに切る。
2. チーズはボウルに入れてゴムベラでやわらかくなるまで混ぜる。
3. 器に1を盛り、2をのせ、オリーブオイルをかける。

●ちくわのゴルゴンゾーラ
べったら漬けのせ
1. ボウルにチーズを入れてゴムベラでやわらかくなるまで混ぜ、べったら漬けを加えて混ぜる。
2. ちくわを食べやすい長さに切って切り口を上にして器におき、1を適量ずつのせる。

青カビチーズ(ブルーチーズ) ゴルゴンゾーラ

洋なしのはちみつマリネ
ブルーチーズのせ

つい食べすぎてしまう、黄金トリオ。
マリネはあまり長くおくと洋なしの水分が出すぎてしまうので、
作りおきはせず、食べるごとに作るのがおすすめです。

材料　3〜4人分
ゴルゴンゾーラ 250g
洋なしのはちみつマリネ
　洋なし 1個
　はちみつ 大さじ3

1　洋なしのはちみつマリネを作る。洋なしは皮をむいて芯と種を取り除き、1.5cm角に切る。
2　ボウルに1を入れ、はちみつを加えて混ぜ、10分ほどおく。
3　器にチーズをのせて2をかける。

青カビチーズ（ブルーチーズ）

ゴルゴンゾーラ

a

ペンネ クアトロフォルマッジョ

ゴルゴンゾーラをはじめ、
4種類のチーズと生クリームであえた
イタリアのパスタメニューの定番。
ゆでたてのペンネをチーズとあえるだけの
シンプルなプロセスですが、
チーズの奥深さにふれることができます。

材料 2人分
ゴルゴンゾーラ ･････････････ 30g
タレッジョ ･････････････････ 20g
マスカルポーネ ･････････････ 20g
パルミジャーノ・レッジャーノ
 ･･･････････････････････････ 20g
生クリーム ････････････････ 100mℓ
塩 ･･･････････････････････ 小さじ¼
ペンネ（乾燥） ･････････････ 150g

1　鍋にたっぷりの湯を沸かし、塩適量（分量外）を加え、ペンネを入れて表示通りにゆではじめる。

2　ゴルゴンゾーラ、タレッジョ、マスカルポーネの3種のチーズはざっくりと切る（写真a）。

3　鍋に生クリームを入れ、2を加える（写真b）。

4　1のペンネがゆで上がる少し前に3を弱火にかけてチーズを溶かし、ペンネがゆで上がったらゆで汁をしっかりときって塩とともに加え、からめる（写真c）。

5　パルメジャーノ・レッジャーノをすりおろして加え（写真d）、全体にからめる。

b

c

d

コブサラダ

肉、野菜、卵、チーズ……と、
いろいろな食材をひと口大に切って
彩りよく並べて盛り合わせた、
ボリューム満点のサラダ。

材料　3〜4人分

スティルトン	110g
鶏胸肉（皮なし）	½枚
塩	小さじ⅓
ベーコン（薄切り）	2枚
サラダ油	大さじ1
トマト	2個
ロメインレタス	6枚
ゆで卵	2個
アボカド	1個
レモン汁	小さじ1

フレンチドレッシング

オリーブオイル	大さじ3
レモン汁	小さじ1
塩	小さじ¼
こしょう	適量

1　鶏は塩をふって2時間以上おいて塩を浸透させ、ゆでる。粗熱が取れたら1.5cm角に切る。

2　ベーコンは2cm幅に切り、サラダ油とともにフライパンに入れてカリカリに焼き、ペーパータオルの上にのせて油をきる。

3　チーズは1.5cm角に切り、トマトは1.5cm角に切って種を除く。ロメインレタスは2cm幅に切る。ゆで卵は2cm角に切る。アボカドは皮と種を除いて2cm角に切り、レモン汁をまぶす。

4　器に 1〜3 を彩りよく並べて盛り、食べる直前にフレンチドレッシングの材料を混ぜ合わせて回しかける。全体に混ぜて食べる。

ブルーチーズ
ディップ

少しクセのあるブルーチーズを
クセのないクリームチーズでのばします。
バルサミコ酢を加えるのがポイント。

材料　作りやすい分量
ブルーチーズディップ
| フルム・ダンベール 100g
| クリームチーズ 40g
| バルサミコ酢 小さじ1
ライ麦パン（薄切り）............ 適量
イタリアンパセリ .... 適量

1　ブルーチーズディップを作る。ボウルにチーズ2種を入れてゴムベラなどでよく練り混ぜ、バルサミコ酢を加えて混ぜる。
2　ライ麦パンは軽くトーストして半分に切る。
3　器に1を盛り、2とイタリアンパセリを添える。

青カビチーズ（ブルーチーズ）　フルム・ダンベール

青カビチーズ（ブルーチーズ）

フルム・ダンベール

材料　3〜4人分
フルム・ダンベール 150g
なす 2個
トマト水煮缶 .... ½缶
にんにくのみじん切り ...... ½かけ分
塩 .... 小さじ⅓
こしょう .... 適量
オリーブオイル 大さじ3

1. なすはへたを切り落として1cm厚さの輪切りにし、水にさらしてアクを抜く。
2. トマト水煮はボウルに入れ、にんにく、塩、こしょうを加えてよく混ぜる。
3. チーズは5mm厚さに切り、4cm幅に切り分ける。
4. 耐熱容器に2を入れて平らにし、なすの水気をペーパータオルで拭きながら半量を並べ入れ、チーズの半量をのせる（写真a）。
5. 残りのなすの水気をペーパータオルで拭きながら重ねてのせ、残りのチーズをのせる（写真b）。
6. オリーブオイルを回しかけ、180℃に予熱したオーブンで20分ほど焼く（写真c）。

なすとトマト、ブルーチーズのオーブン焼き

オーブン焼きはシュレッドチーズを使いがちですが、ここではブルーチーズを用いてワインに合うオードブルに仕立てます。焼きたてアツアツをいただくのがおすすめ。

a

b

c

れんこんの ゴーダチーズ焼き

シャキシャキのれんこんと
ゴーダチーズを混ぜてオーブンで焼き上げます。
オリーブオイルを加えると
れんこんのうまみが引き立ちます。

材料　2人分

ゴーダ	50g
れんこん	80g
塩	小さじ2/3
こしょう	適量
オリーブオイル	大さじ1 1/2

1. れんこんは皮をむいて5mm〜1cm厚さのひと口大に切る。水にさらし、ザルに上げてペーパータオルで水気を拭き取る。
2. チーズはすりおろす。
3. 1に塩、こしょうをふり、オリーブオイルをふりかけて耐熱容器に入れ、チーズを加えてざっとあえる。
4. 天板にのせ（写真）、200℃に予熱したオーブンで15分ほど焼く。

セミハードチーズの おつまみ2種

食べやすいセミハードタイプのチーズ、
マリボーとトム・デ・サヴォアに
ほんのひと手間足して、酒の肴に。
プラスαのおいしさが楽しめます。

材料　作りやすい分量

マリボーの青じそ巻き

マリボー	50g
青じそ	4枚

トムとクルミ

トム・デ・サヴォア	60g
クルミ	8個

● マリボーの青じそ巻き
1. チーズは1cm厚さの食べやすい大きさに切る。
2. 青じその軸を切り落とし、1のチーズに巻く。

● トムとクルミ
1. クルミは150℃に予熱したオーブンで10分ほどローストし、粗熱を取る。
2. チーズを薄切りにし、1を添える。

セミハードチーズ　ゴーダ　マリボー　トム・デ・サヴォア

73

ハードチーズ ミモレット

細切りセロリの
ミモレットおろしのせ

ミモレットは盛りつける直前にすりおろすのが、おいしさのポイント。香りが広がるミモレットとセロリを交互に重ねて盛りつけます。

材料　3〜4人分

ミモレット 80g
セロリ 3本

1. セロリは筋のかたいところはピーラーでむき、斜め薄切りにする。
2. チーズは外側のかたい皮を切り取る。
3. 器にセロリの⅓量を盛り、チーズの⅓量をすりおろしながらのせる。その上にセロリをのせ、チーズをすりおろし、同様にしてもう一回繰り返す。

ハードチーズ ミモレット

ゆでパプリカとミモレットのカルパッチョ

パプリカの赤とミモレットチーズのオレンジが重なった、美しいひと皿。パプリカは蒸しゆでにして火を通し、おいしさを引き出します。

材料　2人分

ミモレット	25g
パプリカ（赤）	大1個
バルサミコ酢	小さじ1
オリーブオイル	小さじ1
塩	少々
こしょう	適量

1 パプリカは縦4等分に切ってヘタと種を取り除く。鍋に入れ、ひたひたの水を加えてふたをし、弱めの中火でやわらかくなるまで蒸しゆでにする。そのまま冷まし、水気をきる。

2 1のパプリカを縦半分に切ってふたつ折りにして器に盛り、バルサミコ酢を刷毛でぬり、続いてオリーブオイルも刷毛でぬる。

3 チーズを薄切りにして食べやすい大きさに切り、パプリカの上にのせ、塩、こしょうをふる。

ハードチーズ コンテ

コンテの生ハム巻き

うまみの強いコンテチーズは生ハムとの相性が二重丸。
ひと口サイズのオードブルに仕立てておもてなしのテーブルへ。
赤ワインによく合います。

材料　2人分
コンテ ……………………… 75g
生ハム（薄切り）………… 2〜3枚

1. チーズは1cm角、4cm長さの棒状に切る。生ハムは3cm幅、10cmほどの長さに切る。
2. 生ハムを広げてチーズをのせ、クルッと巻く。

ハードチーズ　コンテ

コンテチーズのミルクスープ

玉ねぎで甘さを出し、パンでとろみをつけた
素朴な味わいのスープ。
仕上げにチーズをたっぷりとふっていただきます。

材料　2人分
コンテ .... 30〜40g
食パンまたはイギリスパン
　（8枚切り。耳は除く）............ 1枚
玉ねぎのみじん切り .... ½個分
にんにくのみじん切り ...... ½かけ分
牛乳 2カップ
塩 .... 小さじ½

1 鍋にパンを2cm角くらいにちぎって入れ、玉ねぎ、にんにく、牛乳、塩を加えて弱火にかける。
2 煮立ったらふたを少しずらしてのせ、玉ねぎがやわらかくなるまで5分ほど煮る。
3 器に注ぎ入れ、チーズをすりおろしながら加える。

角切りコンテ入りポテトサラダ

コンテはじゃがいもと同じような色。
小さく切って入れるので、見た目にはわかりにくく、
でも、口の中に入れるとふわっとうまみが広がります。

材料 5〜6人分
コンテ 80g
じゃがいも 5個
にんにく 2かけ
にんじん 1/3本
パセリ（葉のみ）のみじん切り ... 1本分
マヨネーズ 大さじ4
粒マスタード 大さじ4
オリーブオイル 大さじ3

1. じゃがいもは皮をむいて2cm角に切る。にんにくは半分に切って中心にある黄色い芽の部分を取り除く。にんじんは薄い半月切り、または太い部分は薄いいちょう切りにする。
2. 鍋にじゃがいも、にんにくを入れ、かぶるくらいの水を加えて火にかけ、煮立ってから約8分、じゃがいもがやわらかくなるまでゆでる。にんじんを加えてさらに1分ほどゆで、ザルに上げて水気をきる。
3. 2をボウルに入れてめん棒でつぶし（写真a）、パセリ、マヨネーズ、粒マスタード、オリーブオイルを加えて混ぜ、冷めるまでおく。
4. チーズを5mm角に切って3に加え（写真b）、混ぜ合わせる。

a

b

サンドイッチにしてもおいしい。サンドイッチ用食パンにたっぷりとはさんで耳を切り落とし、ラップに包んで30分ほどおいてから切り分ける。

ハードチーズ / チェダー

クレソンチェダー

クレソンの葉とすりおろしたばかりの
香りのよいチーズを組み合わせた、シンプルレシピ。
調味料も最小限。

材料　3〜4人分
チェダー 60g
クレソン 4束
塩 .... 小さじ¼
こしょう .... 適量
白ワインビネガー 大さじ1½

1　クレソンは茎から葉を摘み、食べやすい長さに切る。水につけてパリッとさせる。
2　1の水気をしっかりときってボウルに入れ、塩、こしょう、ワインビネガーを加えて上下を2〜3回返す。
3　チーズをすりおろしてさっと混ぜる。

マカロニチーズ

レッドチェダーチーズと生クリーム、バターを使った、濃厚な味わいは、クセになるおいしさです。

材料　2人分

レッドチェダー	40g
マカロニ（乾燥）	80g
生クリーム	80㎖
ローリエ	1枚
塩	小さじ½
こしょう	適量
バター（食塩不使用）	10g

1. 鍋にたっぷりの湯を沸かし、塩適量（分量外）を加え、マカロニを入れて表示通りにゆでる。
2. チーズはすりおろす。
3. 1のマカロニがゆで上がる直前に、別の鍋に生クリーム、ローリエ、2を入れて弱火で熱してチーズを溶かす。
4. マカロニがゆで上がったらザルに上げてゆで汁をきり、3に加えて混ぜ、塩、こしょうで味を調える。
5. 耐熱容器に4を入れ、バターをちぎって散らし、オーブントースターで焼き色がつくまで6〜7分焼く。

ハードチーズ エメンタール

材料　2人分
エメンタール 50g
卵（Lサイズ）................. 3個
塩 .... 小さじ⅓
こしょう .... 適量
サラダ油 大さじ1½

エメンタールの卵焼き

焼いている間にチーズが溶けて出てきても、気にせずに手早く仕上げるのがポイントです。

1 ボウルに卵を割りほぐし、塩、こしょうをふって混ぜる。チーズは2cm厚さに切る。

2 小さめのフライパンにサラダ油を入れて弱火で熱し、1の卵を流し入れる。縁がかたまってきたら内側に寄せ、これを繰り返し、表面は半熟だがフライパンを傾けても流れないくらいまで火を通す。

3 奥から少し手前にチーズをおき、卵焼きを作る要領でチーズを芯にしながら奥から手前に巻いていく。巻き終わったら形を整える。

4 食べやすい大きさに切り分けて器に盛る。

じゃがいもの溶かしラクレットのせ

溶かして食べるのがラクレットチーズ本来の食べ方。ここではじゃがいもと組み合わせ、定番のおいしさを楽しみます。

材料　3〜4人分
ラクレット 240g
じゃがいも .... 3〜4個
粗びき黒こしょう .... 小さじ⅓

1. じゃがいもは洗って皮つきのまま水からゆでる。熱いうちに皮をむき、フォークでざっくりと割り、器に盛る。
2. チーズは角切りにし、フライパンに入れて弱火にかけ、ゆっくりと溶かす。
3. 2をアツアツのうちに1にかけ、粗びき黒こしょうをふる。

ハードチーズ / グリュイエール

チーズ入りキャロットラペ

せん切りのにんじんと
薄く削ったグリュイエールチーズを
取り合わせたシンプルなサラダ。
サンドイッチにもおすすめ。

材料　3〜4人分
グリュイエール 30g
にんじん 2本
レモン汁 大さじ2
塩 小さじ1

1. にんじんは皮をむいてチーズグレーターなどで細く薄くすりおろし、ボウルに入れ、レモン汁と塩を加えて混ぜ、しんなりするまで10分ほどおく。
2. チーズをすりおろして1に加え、混ぜ合わせる。

ハードチーズ　グリュイエール

クロックムッシュ

とろけたグリュイエールチーズがおいしさの要。
ベシャメルソースの代わりにクリームチーズソースを使い、
チーズ度満点に仕上げます。

材料　2人分

グリュイエール	70〜80g
食パン（8枚切り）	4枚
ロースハム	4枚

クリームチーズソース

クリームチーズ	20g
塩	小さじ1/3
生クリーム	大さじ2

1 クリームチーズソースを作る。ボウルにクリームチーズを入れ、塩と生クリームを加えて練り混ぜる。

2 グリュイエールチーズ50gはパンの大きさに合わせて薄切りにする。

3 パン2枚にチーズをのせ、ロースハムを2枚ずつのせる。

4 残りのパン2枚に1をのせて広げ、3の上にそのまま重ね、さらにグリュイエールチーズ20〜30gをすりおろしながらのせる。

5 4をオーブントースターに入れ、焼き色がつくまで15分ほど焼く。そのまま、または半分に切り分ける。

ハードチーズ／グリュイエール

オニオングラタンスープ

あめ色玉ねぎを作るのは少し手間がかかりますが、
手間をかけただけの味にたどりつけるスープです。
仕上げに入れるグリュイエールチーズで、おいしさ倍増。

a

b

c

材料　2人分

グリュイエール ……………… 30〜40g
玉ねぎ ………………………… 2個
にんにく ……………………… ½かけ
バター ………………………… 10g
チキンスープ（市販）…… 2½カップ
ローリエ ……………………… 1枚
バゲットの薄切り …………… 4枚
にんにく ……………………… ⅓かけ
塩、こしょう ……………… 各適量

1　玉ねぎ、にんにくは薄切りにする。

2　厚手の鍋にバターを溶かし、1、塩小さじ½を入れて全体をひと混ぜし、ふたをして強めの弱火で5分ほど蒸し焼きにする。ふたをとって中火にし、水分を飛ばしながら炒めていく。30〜40分かけて玉ねぎがねっとりとして色づくまで炒める（写真a）。

3　2にチキンスープとローリエを加えて混ぜ合わせ、煮立ったら弱火にして10分ほど煮、塩、こしょうで味を調える。

4　バゲットは片面ににんにくの切り口をしっかりとこすりつけて香りを移し、オーブントースターでカリッとするまで焼く。3のスープは耐熱容器に入れる（写真b）。

5　スープの上にバゲットをおいて天板にのせ、チーズをすりおろしながらかける（写真c）。

6　240℃に予熱したオーブンで、チーズにおいしそうな焼き色がつくまで7〜8分焼く。

塩サブレと甘サブレ

エダムチーズ入りのサブレは、
黒こしょうの香りをきかせた塩味タイプと
砂糖を加えて仕上げたほんのり甘いタイプ。
違う形に仕上げます。

a  b  c

ハードチーズ　エダム

材料　作りやすい分量（各30枚）

塩サブレ
- エダム ……………………… 60g
- バター（食塩不使用）………… 150g
- 薄力粉 ……………………… 225g
- 塩 …………………………… 2g
- 粗びき黒こしょう …………… 適量
- 牛乳 ………………………… 大さじ1

甘サブレ
- エダム ……………………… 60g
- バター（食塩不使用）………… 150g
- 薄力粉 ……………………… 225g
- 牛乳 ………………………… 大さじ1
- グラニュー糖 ……………… 適量

● 塩サブレ

1. ボウルにバターを入れて室温に戻してやわらかくし、薄力粉を加え、チーズをすりおろして加え（写真a）、指でグルグルと混ぜてポロポロの状態にする。
2. 1に塩とこしょうをふり、牛乳を加えてさらにグルグルと混ぜ、ひとつにまとめる。
3. 台の上に取り出し、断面が5×3cmの長方形になるように細長く形作り、ラップで包み（写真b）、冷蔵庫で30分ほどねかせる。
4. ラップをはずして5mm厚さに切り、オーブンシートを敷いた天板に間隔をあけて並べ（写真d）、180℃に予熱したオーブンで15分ほど焼く。

● 甘サブレ

1. 塩サブレの作り方1〜2を参照して生地を作り（塩とこしょうは入れない）、ひとつにまとめる。
2. 台の上に取り出し、直径3cmの円柱形になるように細長く形作り、ラップで包み、冷蔵庫で30分ほどねかせる。
3. バットにグラニュー糖を入れて広げ、2をラップをはずして転がしながら全体にまぶす（写真c）。
4. 5mm厚さに切り、オーブンシートを敷いた天板に間隔をあけて並べ（写真d）、180℃に予熱したオーブンで15分ほど焼く。

d

ハードチーズ／ペコリーノ

生カリフラワーと薄切りペコリーノ

カリフラワーは薄切り、ペコリーノはごく薄切りにして
一緒に頬張るのがおいしい！
オリーブオイルは香りの高いエキストラバージンを。

材料　2人分

ペコリーノ 60g
カリフワラー 6房
オリーブオイル 大さじ3

1. カリフラワーは縦薄切りにする。チーズはカリフラワーの大きさに合わせてごく薄く切る。
2. 器に1を交互に盛りつけ、オリーブオイルを回しかける。

くたくたいんげんとおろしペコリーノ

さやいんげんは塩とオリーブオイルを入れた熱湯で
くたくたにゆでるのがポイント。
薄く削るようにおろしたペコリーノをからめていただきます。

材料　2人分
ペコリーノ .... 30〜40g
さやいんげん 15本ほど

1　さやいんげんはヘタを切り落とす。
2　鍋にたっぷりの湯を沸かして塩適量（湯の約1％）とオリーブオイル小さじ1（分量外）を加え、1を入れ、くたくたになるまで弱火で10分ほどゆでる。火を止めてそのまま冷ます。
3　汁気をきって器に盛り、チーズをおろしながらたっぷりとかける。

カチョカバロのステーキ

フライパンで焼くと、外側はカリッ、
中はもっちりとした味わい。
葉野菜を添え、こしょうをふっていただきます。

材料　2人分
カチョカバロ .... 140〜150g
薄力粉 .... 適量
オリーブオイル 大さじ1½
塩、こしょう .... 各少々
ベビーリーフ .... 適量

1　チーズは1cm厚さに切り、両面にまんべんなく薄力粉をまぶしつけ、余分な粉ははたき落とす。
2　フライパンにオリーブオイルを熱して1を入れ、しばらく動かさずに焼く。焼き色がついたらひっくり返し、両面カリッとおいしそうな焼き色がつくまで焼く。
3　器に盛って塩、こしょうをふり、ベビーリーフを添える。

貝柱といかのグリル ごまチーズ風味

グラナ・パダーノはやさしい味わい。
だから素材の味を生かしながら、
風味よく仕上げます。

材料　2人分

グラナ・パダーノ	25g
帆立て貝柱	2個
やりいか	小2はい
白すりごま	大さじ1
塩	小さじ⅓
こしょう	適量
オリーブオイル	大さじ3
サラダ菜	適量

1　貝柱は厚みを半分に切る。いかは胴と足に分け、ワタや軟骨、口ばしなどは取り除く。胴は1cm幅の輪切りにし、足は食べやすい長さに切る。

2　1の水気を拭いてバットに入れ、チーズをすりおろして加え、ごま、塩、こしょうも加えて全体にまぶす。

3　2を耐熱容器に並べ、オリーブオイルを回しかけ、240℃に予熱したオーブンまたはオーブントースターで8〜10分焼く。

4　器に盛り、サラダ菜を縦に切り分けて添える。

ハードチーズ パルミジャーノ・レッジャーノ

パルミジャーノしらすフリット

薄力粉とすりおろしたパルミジャーノ・レッジャーノを
しらす干しにまぶし、カリッと揚げたフィンガーフード。
アツアツはもちろん、冷めてもおいしいのが魅力です。

材料 作りやすい分量
パルミジャーノ・レッジャーノ
.... 20g
しらす干し 150g
薄力粉 .... 大さじ3 ½
こしょう .... 適量
揚げ油 .... 適量

1 ボウルにしらす干しを入れ、薄力粉を加えてまぶす。

2 1にチーズを細かくすりおろして加えて混ぜ、しらす干しから水分が出てしっとりとまとまるまで、10分ほどおく。まとまらない場合は水を少量ずつ加えてまとめる。

3 揚げ油を中温に熱し、2を箸で小さめの一口大にまとめて静かに落とし入れ、カリッとするまで揚げる。油をきってこしょうをふる。

パルミジャーノと甘栗

おいしいパルミジャーノ・レッジャーノは
それだけで主役ですが、
ここではアクセントに黒こしょうを加えます。
ほっくりとした甘さの甘栗を添えて。

材料　2〜3人分
パルミジャーノ・レッジャーノ
　……………………………… 40g
甘栗（殻つき）………………… 8個
黒粒こしょう ………… 小さじ¼

1　チーズはフォークで甘栗くらいの大きさに割り、こしょうを粗くたたきつぶして混ぜる。

2　甘栗は殻をむく、または殻つきのまま半分に割る。

3　器に1と2を盛り合わせる。

フリッタータ

パルミジャーノ・レッジャーノをすりおろして加えた
チーズの香りが鼻をくすぐるイタリアの定番オムレツ。
オーブンに入れられるタイプの
小さめのフライパンを使って厚みを出し、
オーブンでふんわりと焼き上げます。

材料 直径17cmのフライパン1台分
パルミジャーノ・レッジャーノ ……………… 35g
玉ねぎの薄切り ……………… ½個分
卵 ……………… 8個
塩 ……………… 小さじ⅓
こしょう ……………… 適量
パセリのみじん切り ……… 大さじ1
オリーブオイル ………… 大さじ3½

1 チーズはすりおろす。
2 フライパンにオリーブオイル大さじ1と玉ねぎを入れて強めの弱火にかけ、玉ねぎが色づくまでじっくりと炒め（写真a）、いったん火を止める。
3 ボウルに卵を割りほぐし、塩、こしょう、パセリ、1のチーズを加えて混ぜる（写真b）。
4 2のフライパンを再び強めの弱火にかけ、パチパチと音がしてきたら残りのオリーブオイルを回し入れて玉ねぎを平らにし、3の卵液を流し入れる（写真c）。
5 4を天板にのせ、170℃に予熱したオーブンで20分ほど焼き、真ん中の部分にもしっかりと火を通す（写真d）。
6 器に盛り、好みの大きさに切り分ける。

a

b

c

d

ウォッシュチーズ
ルブロション

材料　5〜6人分
ルブロション	220g
じゃがいも	4個
玉ねぎ	1個
ベーコン（薄切り）	7枚
オリーブオイル	少々
サワークリーム	240g
牛乳	1½カップ
塩	小さじ⅔
こしょう	適量

1 じゃがいもは皮をむいて5mm厚さの輪切りにし、水にさらし、ザルに上げて水気をきる。玉ねぎは薄切りにし、ベーコンは3mm幅に切る。
2 鍋にオリーブオイルを熱してベーコンを炒め、玉ねぎを加えてしんなりとするまで炒める。
3 2にじゃがいもとサワークリームを加え（写真a）、牛乳、塩、こしょうを入れて中火にし、煮立ったら火を弱め、ときどき混ぜながらじゃがいもがやわらかくなるまで8分ほど煮る（写真b）。
4 チーズは1cm幅に切る。
5 耐熱容器に3を入れ、4をのせ（写真c）、240℃に予熱したオーブンで8〜10分、チーズが溶けて焼き色がつくまで焼く。

タルティフレット

ルブロションで作る、
フランス・サヴォア地方のポテトグラタン。
とにかくチーズたっぷりで、濃厚でクリーミーな味わい。
白ワインとともに楽しむのもよし、
肉料理のつけ合わせにしてもよし。

a

b

c

ウォッシュチーズ　マンステール

クミン風味の
マンステールと玄米

いって香りを出したクミンシードを
マンステールにまぶします。
塩とオリーブオイルであえた玄米ご飯が美味。
チーズとよく合います。

材料　2人分

マンステール	100g
クミンシード	小さじ½
玄米ご飯	70g
塩	2つまみ
オリーブオイル	大さじ1½

1. クミンシードはフライパンに入れて弱火で5分ほどいり、香りを出す。
2. 玄米ご飯をボウルに入れ、塩とオリーブオイルを加えて混ぜる。
3. チーズを放射状に6等分に切って1をまぶし、器に盛り、2を添える。

ウォッシュチーズと
ズッキーニのトーストサンド

なめらかで口当たりのよいウォッシュチーズと
塩もみしたズッキーニがフィリング。
パンはカリッとトーストしてマスタードをぬるのがおすすめ。

材料　2人分
- ポン・レヴェック …………… 120g
- ズッキーニ …………………… 1本
- ディル（葉のみ）…………… 2本分
- イギリスパン（8枚切り）………… 4枚
- イエローマスタード … 大さじ2〜3

1. チーズはパンの大きさに合わせて1cm厚さに切る。
2. ズッキーニは3mm厚さの輪切りにし、塩小さじ½（分量外）をふって15分おき、水気を絞ってディルとあえる。
3. パンは焼き色がつくまでトースターで焼き、2枚1組にして片面にイエローマスタードをぬり、ズッキーニ、チーズの順にのせてはさむ。

a

b

c

鮭とトレビスの ポン・レヴェック焼き

ウォッシュチーズはオーブンで焼くと、中はとろり、皮はほどよくカリッ。チーズの絡んだ鮭とほろ苦いトレビスの組み合わせが絶妙です。

材料 2人分

ポン・レヴェック	110g
生鮭	2切れ
トレビス	小½個
塩	小さじ⅔
こしょう	適量
オリーブオイル	大さじ2

1 チーズは放射状に6等分に切る。トレビスは芯の部分を取り除いて半分に切り（写真a）、さらに半分に切って形をくずさないようにする（写真b）。

2 耐熱容器に生鮭とトレビスを交互に並べ、塩、こしょうをふり、オリーブオイルを回しかける（写真c）。

3 2にチーズをのせ（写真d）、220℃に予熱したオーブンで15分ほど焼く。

d

ウォッシュチーズ
タレッジョ

エリンギソテーの ウォッシュチーズのせ

オリーブオイルとにんにくでソテーした
エリンギにウォッシュチーズをのせるだけで、
温製オードブルに。

材料 3〜4人分
タレッジョ 100g
エリンギ 大小合わせて8本
塩 .... 小さじ⅔
こしょう .... 適量
にんにくのみじん切り ...... ½かけ分
パセリのみじん切り 大さじ2
オリーブオイル 大さじ2

1 チーズは放射状に8等分に切る。エリンギは縦半割りにする。
2 フライパンにオリーブオイルを熱してエリンギを並べ入れ、塩、こしょうをふって焼き色がつくまで焼く。ひっくり返し、にんにくを加えてさらに焼き、パセリをふって炒め合わせる。
3 器に2を盛り、熱いうちにチーズをのせて余熱で少し溶かす。

豚ヒレ肉のきのこチーズソース

マッシュルームのうまみが移ったソースが美味。
豚肉の焼き汁が残ったフライパンで
チーズ、白ワイン、生クリームを用いて作ります。

材料　2人分
きのこチーズソース

ピエ・ダングロワ	100g
生クリーム	80mℓ
白ワイン	50mℓ
マッシュルームの薄切り	4個分
塩	少々

豚ヒレ肉（かたまり） 280g
塩 小さじ½
こしょう 適量
サラダ油 大さじ1

1　豚肉は8等分に切り、塩、こしょうをふる。

2　きのこチーズソースのチーズは粗みじん切りにし、生クリームとともにボウルに入れてフォークでざっとほぐしておく。

3　フライパンにサラダ油を熱して1を入れ、軽く焼き色がついたらひっくり返し、強めの弱火で表面に肉汁のツヤが出てくるまで焼く。取り出して器に盛る。

4　3のフライパンに白ワインを加えてアルコールの香りがしなくなるまで煮詰め、2とマッシュルームを加えて弱火で煮、チーズが溶けたら塩で味を調える。3の豚肉にかける。

シェーブルチーズ ヴァランセ

シェーブルとミントオイル

ドライフルーツだけでなく、
ハーブもチーズをおいしくいただくためのアイテム。
ミントのさわやかな香りとともに楽しみます。

材料 作りやすい分量

ヴァランセ .... 50〜60g

ミントオイル

| ペパーミント（葉のみ）..... 小20枚
| オリーブオイル 大さじ1

1 ミントオイルを作る。ボウルにミントを入れてオリーブオイルを加え、さっと混ぜる。

2 チーズは4等分の厚さに切る。

3 器に2を盛り、1のミントオイルをミントごとかける。

シェーブルチーズ サントモール

シェーブルと
ブランデー漬けいちじく

チーズとドライフルーツは相性がよいですが、
ここではドライいちじくをブランデー漬けにして
チーズとともに味わいます。

材料 作りやすい分量
サントモール 60g
ドライいちじくのブランデー漬け
　ドライいちじく 大2個
　ブランデー 大さじ2

1　ドライいちじくのブランデー漬けを作る。いちじくとブランデーをポリ袋に入れ、ポリ袋の空気を抜いて口を閉じ、ひと晩おく。
2　チーズは4等分の厚さに切る。1のいちじくは縦半分に切る。
3　器に1と2を交互に並べて盛る。

107

シェーブルチーズ
サントモール

材料 2人分
- サントモール .... 90〜100g
- ベーコン（薄切り）............ 1枚
- エンダイブ .... 適量
- 紫玉ねぎ .... 小¼個
- パンドカンパーニュ
  （1cm厚さに切ったもの）......... 2枚
- 塩 .... 小さじ½
- こしょう .... 適量
- レモン汁 小さじ1
- オリーブオイル 大さじ1

焼きシェーブルのサラダ

シェーブルチーズをパンにのせて焼いて
チーズトーストを作り、ほろ苦野菜の
エンダイブとともにサラダ仕立てに。

1 ベーコンは5mm幅に切り、オーブンシートを敷いた天板にのせ、オーブントースターでカリッと焼き、脂をきる。

2 エンダイブは食べやすい大きさに切り、紫玉ねぎはごく薄切りにし、それぞれ水につけてパリッとさせ、水気をしっかりときる。

3 パンとチーズは6等分に切る。パンの上にチーズをのせ、オーブントースターで3〜4分、チーズに少し焼き色がつくくらいまで焼く。

4 ボウルに2、塩、こしょう、レモン汁、オリーブオイルを入れて大きく混ぜて器に盛り、3をのせ、チーズの上にベーコンをのせる。

シェーブルチーズ / サントモール

シェーブルと
ビーツのペースト

ビーツの色を生かした色鮮やかなペースト。
ビーツの甘みと香り、
シェーブルの酸味で個性的な味わいです。

材料 作りやすい分量
サントモール ……………………… 125g
ビーツ（缶詰）…………………… 120g
バゲットの薄切り ………………… 適量

1 ビーツはザルに入れて水気をしっかり
　ときる。チーズは粗みじん切りにする。
2 フードプロセッサーにビーツを入れて
　攪拌し、チーズを加えてさらに攪拌し
　てなめらかなペースト状にする。
3 器に盛り、軽くトーストしたバゲット
　を添える。

シェーブルとビーツのペース
トは密閉容器に入れて冷蔵庫
で4〜5日保存可。

シェーブルチーズ / クロタン

シェーブルのせ スクランブルエッグ

ソフトな食感で酸味のある、比較的若いクロタンを
スクランブルエッグと絡めていただきます。
そのままオードブルに、また、バゲットにのせても。

材料　1〜2人分　作りやすい分量

クロタン	30g
卵	3個
塩	小さじ⅓
こしょう	適量
タイム（葉のみ）	1本分
バター（食塩不使用）	10g

1. ボウルに卵を割り入れ、塩、こしょうを加えて混ぜ、タイムを加えて混ぜ合わせる。
2. フライパンにバターを熱し、溶けてジュワジュワと音がしてきたら1をいっきに流し入れる。縁がかたまってきたら内側に寄せ、これを繰り返し、とろとろの半熟の状態で火を止める。ボウルに移して泡立て器で混ぜてなめらかにする。
3. 器に2を盛り、チーズを真ん中におく。

シェーブルの春巻き

お手軽なシェーブル・フレを使ったレシピ。
パリッと香ばしい春巻きの皮とともに
アツアツを頬張るのがおいしい！

材料　8本分
シェーブル・フレ .... 120〜130g
グリーンピース（缶詰）...... 50〜60g
ヤングコーン（缶詰）................ 4本
春巻きの皮 8枚
水溶き薄力粉 .... 適量
揚げ油 .... 適量

1. グリーンピースとヤングコーンは水気を拭く。
2. チーズを2等分にし、ひとつはグリーンピースを加えて混ぜる。
3. 春巻きの皮4枚に、グリーンピース入りのチーズを¼量ずつ細長くのせ、両端を折りたたんできつめに巻き、水溶き薄力粉で留める。
4. 残りの春巻きの皮4枚に、残りのチーズを¼量ずつ細長くのせ、ヤングコーンをおき、両端を折りたたんできつめに巻き、水溶き薄力粉で留める。
5. 揚げ油を中温に熱し、3と4をきつね色にカリッと揚げる。斜め半分に切って器に盛る。

サルボ恭子 | Salbot Kyoko

1971年東京生まれ。料理家の叔母に師事したのち、渡仏。ル・コルドンブルー・パリ、リッツ等の料理学校を経て「オテル・ド・クリヨン」調理場へ。当時2つ星のメインダイニングのキッチンとパティスリーに勤務。帰国後、料理研究家のアシスタントを経て独立。都内でフランス人の夫、2人の子どもと暮らす。『作りおきオードヴル』(朝日新聞出版)、『おかずは3品でOK！ サルボさん家の毎日弁当』(講談社)、『タルティーヌとクロック』(東京書籍)など著書多数。

アートディレクション	昭原修三
デザイン	植田光子
撮影	邑口京一郎
スタイリング	千葉美枝子
構成・編集	松原京子
プリンティングディレクター	栗原哲朗（図書印刷）

チーズの料理(りょうり)

2016年 5月 2日 第1刷発行

著 者　サルボ恭子
発行者　千石雅仁
発行所　東京書籍株式会社
　　　　東京都北区堀船2-17-1　〒114-8524
　　　　電話　03-5390-7531(営業)
　　　　　　　03-5390-7508(編集)

印刷・製本　図書印刷株式会社

ISBN978-4-487-80972-1 C2077
Copyright © 2016 by Kyoko Salbot
All Rights Reserved.
Printed in Japan

乱丁・落丁の際はお取り替えさせていただきます。
本書の内容を無断で転載することはかたくお断りいたします。